CONSTITUTION
ET RÉGIME LINGUISTIQUE
EN BELGIQUE ET AU CANADA

Comité de rédaction

Marc UYTTENDAELE

Eric MARON, Jérôme SOHIER et Renaud WITMEUR

COLLECTION « LES INÉDITS DE DROIT PUBLIC »

Sous la direction de Marc UYTTENDAELE

CONSTITUTION ET RÉGIME LINGUISTIQUE EN BELGIQUE ET AU CANADA

PAR

Luisa DOMENICHELLI

Docteur en théorie de l'Etat
et institutions politiques comparées
à l'Université de Rome « La Sapienza »

BRUYLANT
BRUXELLES

1 9 9 9

ISBN 2-8027-1251-9

D / 1999 / 0023 / 19

© 1999 Etablissements Emile Bruylant, S.A.
Rue de la Régence 67, 1000 Bruxelles.

IMPRIMÉ EN BELGIQUE

A Eric

PRÉFACE

La complexité de l'Etat belge, ainsi que l'interminable transition constitutionnelle canadienne découragent souvent l'observateur étranger. Sans compter qu'il s'avère souvent difficile de suivre les détails des querelles linguistiques, depuis des décennies au centre du débat politique tant en Belgique qu'au Canada.

Un tel effort est, cependant, récompensé par les nombreuses gratifications que l'étude de ces deux pays offre au chercheur.

La Belgique et le Canada, avec leur histoire et leurs contradictions, l'originalité des solutions aménagées pour permettre la coexistence de différentes cultures et surtout leur condition de pays toujours en devenir, éveillent la curiosité des comparatistes.

Consciente du défi, mais confiante dans la compréhension du lecteur, j'ai entamé cette recherche. L'écriture et la rédaction étant terminées, je m'aperçois combien elle a été enrichissante. Non seulement elle m'a permis d'approfondir la connaissance de situations politiques et de stratégies juridiques, mais elle a été également l'occasion d'entrer en contact avec des personnes très disponibles et enthousiastes, qui ont facilité et rendu plus agréable mon étude.

Je voudrais remercier en particulier Michel Leroy, Président du Centre de droit public de l'Université Libre de Bruxelles, et Serge Jaumain, Directeur du Centre d'études canadiennes de la même Université, qui ont lu le manuscrit et dont les conseils et observations ont été indispensables pour la conclusion de la recherche.

Ma reconnaissance va aussi à Rusen Ergec, Professeur à l'ULB, qui depuis longtemps encourage mes études sur la Belgique, ainsi qu'à Philippe De Bruycker, lequel, en tant que Directeur du Centre de droit public de l'ULB, a mis à ma disposition les locaux et le secrétariat du Centre et a facilité mon accès à la bibliothèque et aux autres structures de la Faculté de droit.

Mon séjour au Canada a été particulièrement productif et agréable grâce à l'hospitalité de la Faculté de droit de l'Université de Ottawa, en particulier du Doyen-adjoint de la Section de droit civil Benoît Pelletier et à la disponibilité de Pierre Coulombe, Professeur invité au Centre d'études sur le Québec de l'Université McGill de Montréal.

Je remercie ensuite tous les spécialistes et chercheurs avec lesquels j'ai discuté des questions belges et canadiennes et qui m'ont permis d'avoir un aperçu plus direct et vivant de ce sujet : Kris Descrouwer, Professeur de Sciences Politiques à la Vrije Universiteit Brussel, Pierre Vandernoot, Référendaire à la Cour d'arbitrage, Mme Verlaine, conseiller à la Commission permanente de Contrôle linguistique de Belgique, José Woerling, Professeur à l'Université de Montréal, Marc Chevrier, Conseiller en affaires publiques au Gouvernement du Québec et Sylvie Léger, Directrice du Centre canadien des droits linguistiques de l'Université de Montréal.

Enfin, un remerciement spécial va à la Région de Bruxelles-Capitale, dont le soutien a été indispensable pour la réalisation de ce travail.

INTRODUCTION

1. – ANALOGIES ET DIFFÉRENCES
ENTRE LES SYSTÈMES BELGE ET CANADIEN :
JUSTIFICATION D'UNE COMPARAISON

Les Etats belge et canadien sont nés dans des contextes historico-politiques très différents et leurs dimensions territoriales sont incomparables. De nombreuses analogies justifient, cependant, une analyse comparée. Tout d'abord, leurs populations se composent de deux grands groupes linguistiques, situés chacun sur son propre territoire : Néerlandophones et Francophones en Belgique, Anglophones et Francophones au Canada (1). Ensuite, bien que les Francophones soient minoritaires dans les deux Etats, leur importance démographique est telle qu'ils ont un « poids politique » incontournable. Les risques de conflit inter-communautaire sont donc beaucoup plus forts que dans d'autres sociétés multiculturelles industrialisées (2). En plus, dans les deux pays l'unité nationale est gravement menacée par la difficulté de gérer les relations entre les deux groupes linguistiques avec les seuls instruments offerts par la structure politico-institutionnelle traditionnelle. Enfin, les stratégies utilisées pour faire face à la situation sont comparables : tant en Belgique qu'au Canada les dernières décennies ont été caractérisées par de longs débats constitutionnels.

---

(1) La séparation territoriale des deux groupes est plus nette en Belgique qu'au Canada, où le pourcentage de Francophones hors Québec et d'Anglophones au Québec est important.

(2) D.M. RAYSIDE, « The Impact of the Linguistic Cleavage on the 'Governing' Parties of Belgium and Canada », *Revue canadienne de science politique*, 1978, n° 1, p. 62.

Nous nous proposons, dans cette étude, de confronter les solutions adoptées pour répondre à la crise. Comme on le verra, elles correspondent à des politiques constitutionnelles radicalement différentes, au point de représenter deux modèles opposés pour la résolution des conflits linguistiques. Mais ce qui rend intéressante la comparaison entre les deux expériences est justement le fait qu'elles offrent des réponses différentes à des problèmes semblables.

1.1. – Formation et évolution de l'Etat fédéral

La Constitution belge de 1831 est une des premières Constitutions libérales et une des plus anciennes actuellement en vigueur. Elle a été élaborée au moment de la naissance de l'Etat belge et en a suivi les transformations, qu'elle a enregistrées dans les différentes révisions dont elle a fait l'objet.

Comme toutes les Constitutions à caractère libéral, la Constitution belge reflétait l'affirmation de la classe bourgeoise, qui essayait de défendre les droits civils récemment conquis en supprimant les liens entre les individus et les formations intermédiaires et en confiant les pleins pouvoirs à un appareil de gouvernement unique. A cette époque, la structure unitaire de l'Etat permettait également d'améliorer la gestion des investissements publics et privés, tout comme elle facilitait le commerce, éléments de la plus grande importance dans une société basée sur les principes de la propriété privée et de la libre initiative économique.

Au moment de la formation de l'Etat, la coexistence entre les différents groupes linguistiques n'avait pas encore pris une ampleur politique qui justifiât l'adoption d'une solution institutionnelle *ad hoc*. La transformation de la Belgique en un Etat fédéral est donc un phénomène récent : c'est seulement en 1993 que l'expression « Etat fédéral » entre dans la Constitution, au terme d'un processus de décentralisation progressive entamé dans les années '70. Le fédéralisme belge est donc un fédéralisme jeune, né à la suite d'un processus de dissociation (3).

Le Canada, par contre, naquit comme Dominion de l'Empire britannique. Le document qui en décrit l'organisation, le *British North America Act* de 1867, prévoit une structure fédérale. Celui-ci est souvent présenté comme un pacte entre Anglophones et Francophones désireux de sauvegarder, à l'intérieur de la nouvelle formation politique, leur autonomie respective. Même si on peut émettre un doute quant à la nature paritaire de ce pacte, il est incontestable que le Canada est né de l'union des colonies anglaises d'Amérique du Nord. Il s'agit donc d'un fédéralisme d'intégration, typique des Etats fédéraux qui se sont formés à l'époque libérale. En ce temps-là, le lien fédéral, en unissant des entités politiques distinctes, visait à créer les conditions géopolitiques et économiques nécessaires à la naissance et au développement d'entités politiques à dimension nationale, même si, comme dans le cas du Canada, elles étaient parfois soumises au lien colonial.

On peut alors se demander si la comparaison d'une fédération aussi ancienne que celle du Canada, née d'un processus d'intégration, avec une fédération très récente comme la Belgique, résultat d'un phénomène de dissociation, a un sens. Si l'on considère l'histoire de chacun des deux pays dans sa complexité, la réponse ne peut être que positive. Les analogies dans l'évolution des deux systèmes semblent, en effet, plus significatives que les différences qu'on peut relever dans leur processus de formation (4). Les deux systèmes ont traversé simultanément,

---

(3) A.ALEN, *Belgium : Bipolar and Centrifugal Federalism*, Texts and Documents, Brussels, Ministry for Foreign Affairs, External Trade and Cooperation for Development, 1990.

(4) On peut également repérer des éléments de ressemblances entre les deux systèmes dans le processus de formation des fédérations considérées : dans l'un et l'autre contextes, des facteurs exogènes, comme les intérêts stratégiques de puissances étrangères, ont eu une grande importance, ce qui a contribué à entraver la naissance et le développement d'un véritable mythe national. Par conséquent,

au cours des XIXe et XXe siècles, la même phase de renforcement de l'Etat-nation et ensuite de développement de l'Etat social, qui coïncident, sur le plan institutionnel, avec le renforcement du gouvernement central au Canada et la consolidation de l'Etat unitaire en Belgique. Dans la seconde moitié du XXe siècle, et plus précisément à partir de la fin des années '60, les deux pays se sont ensuite trouvés confrontés à la crise de l'Etat-nation provoquée par l'exigence d'autonomie avancée par les communautés ethno-linguistiques qui composaient la population. En Belgique, on s'engage sur la voie de la fédéralisation du système, tandis qu'au Canada, où le fédéralisme était devenu particulièrement centralisé, on se met à la recherche d'un nouveau pacte fédéral qui puisse garantir plus d'autonomie aux Provinces. Dans les deux cas, cela aura des répercussions sur le régime linguistique, qui, en raison de sa partielle flexibilité, absorbe cette nécessité de changement plus rapidement que la Constitution.

Si l'on s'en tenait exclusivement au critère de leurs modes de formation (par intégration et par dissociation), on serait porté à considérer les deux Etats fédéraux comme radicalement différents. On oublierait, ce faisant, les caractéristiques essentielles qui, au cours du dernier siècle, ont rapproché de manière substantielle les deux systèmes, en les confrontant à des problèmes similaires, sources des actuelles tendances centrifuges, mais également causes du processus de réforme institutionnelle que les deux pays ont décidé d'affronter, même si c'est avec des succès divers.

les grands événements historiques du passé sont perçus diversement par les différents groupes linguistiques et constituent un facteur de désunion plutôt que d'union (M. COVELL, « Federalisation and Federalism : Belgium and Canada », *Federalism and the Role of the State*, University of Toronto, 1987).

1.2. – Caractéristiques
de l'Etat fédéral actuel

La comparaison entre les deux systèmes examinés trouve sa justification non seulement dans leur évolution historique, mais également dans les caractéristiques des deux systèmes fédéraux actuels (5).

La Belgique et le Canada sont, en effet, définis comme des Etats fédéraux atypiques. Ils se différencient du modèle classique, représenté historiquement par les Etats-Unis, l'Allemagne et la Suisse et caractérisé par l'attribution des compétences résiduelles aux Etats membres, par la participation des entités fédérées à la révision constitutionnelle, par la présence d'un Sénat qui représente de façon paritaires les composantes de l'Etat ou qui soit sensiblement différent de la première Chambre et, en général, par l'égalité de *status* des Etats membres (6).

En Belgique et au Canada, au contraire, les pouvoirs résiduels sont attribués à l'Etat central. Le choix de cette technique de répartition tient, au Canada, à la volonté des fondateurs de la Confédération de donner vie à un gouvernement central fort. En Belgique, par contre, il est la conséquence du fait que l'actuel fédéralisme dérive d'un structure étatique unitaire particulièrement centralisée. L'art. 35 de la Constitution belge prévoit en réalité que l'autorité fédérale n'est compétente que dans

---

(5) Pour le fédéralisme belge v. A. ALEN, « Le fédéralisme belge », *Le Fédéralisme. Approches politique, économique et juridique*, Centre d'Etudes sur le Fédéralisme, Bruxelles, De Boeck, 1994. Pour le fédéralisme canadien v. G. REMILLARD, *Le fédéralisme canadien*, 2 voll., Montréal, 1983.

(6) Pour les caractéristiques du modèle fédéral classique voir G. BURDEAU, *Traité de Science Politique*, tome II, Paris, 1985 ; D.J. ELAZAR, « Federalism », *International Encyclopedia of the Social Sciences*, New York, 1968, vol. 5 ; K.C. WHEARE, *Federal Government*, Oxford University Press, London, 1964 ; R. ERGEC, « Les aspects juridiques du fédéralisme », *Le Fédéralisme*, cit. ; R. DEHOUSSE, « Le paradoxe de Madison : réflexions sur le rôle des Chambres Hautes dans les systèmes fédéraux », *Revue du droit public*, 1990, p. 642 ; M. CROISAT, *Le fédéralisme dans les sociétés contemporaines*, Montchrestien, 1992 ; ID., « Le fédéralisme aujourd'hui : tendances et controverses », *Revue française de droit constitutionnel*, 1994, n° 19.

les matières qui lui sont formellement attribuées par la Constitution, mais l'entrée en vigueur de cet article est subordonnée à l'insertion dans le texte fondamental d'une nouvelle disposition, non encore élaborée, établissant les compétences exclusives des autorités fédérales.

Il est également singulier qu'en Belgique les entités fédérées n'aient pas le droit de prendre part à la révision constitutionnelle (7) et qu'au Canada, jusqu'en 1982, une telle participation ne fût garantie par aucune disposition constitutionnelle (8).

En outre, ni en Belgique, ni au Canada, le Sénat n'est à proprement parler une Chambre fédérale qui permettrait aux entités fédérées de participer sur un pied d'égalité à la fonction législative nationale. Au Canada, la répartition des Sénateurs, nommés par le gouvernement central, reflète l'importance des populations provinciales : 24 sièges reviennent au Québec et à l'Ontario, 10 au Nouveau Brunswick et à la Nouvelle Ecosse, 4 à l'Ile du Prince Edouard et 6 aux autres Provinces. En Belgique, la répartition des sièges se fait de manière à assurer une représentation proportionnelle de la population appartenant aux deux groupes linguistiques : aux Flamands reviennent 59 % des sièges tandis que les Francophones n'en ont que 41 %. Quelques entités fédérées, comme la Région de Bruxelles-capitale, n'ont aucune

---

(7) Les circonstances qui permettent, en pratique, la participation de différentes communautés sont analysées dans les conclusions.

(8) Il existait, en réalité, une convention constitutionnelle, reconnue même par la Cour suprême dans *Renvoi : résolution pour modifier la Constitution* [1981] 1 R.C.S., en vertu de laquelle les autorités fédérales étaient obligées d'obtenir « un degré appréciable de consentement provincial » pour les modifications relatives aux pouvoirs des Provinces, mais l'existence de cette convention n'empêchait pas le gouvernement fédéral de modifier unilatéralement les dispositions relatives aux matières jugées de sa compétence exclusive. En outre, la Cour suprême, dans l'avis cité, a fait une distinction discutable entre les conventions, auxquelles elle attribue une valeur exclusivement politique, et le droit constitutionnel pur et simple et elle est arrivée ainsi à la conclusion qu'une modification unilatérale fédérale, même dans les matières de compétence provinciale, aurait été illégitime mais non illégale. La Loi constitutionnelle de 1982 a finalement introduit des mécanismes de participation des Provinces à la révision constitutionnelle.

représentation directe dans la seconde Chambre. Cette
dernière observation nous amène à considérer un autre
trait commun du fédéralisme belge et canadien : son
aspect asymétrique (9).

En Belgique, les entités qui composent l'Etat n'ont
pas les mêmes compétences, ni les mêmes garanties
constitutionnelles : ceci s'explique soit par la volonté des
auteurs de la révision constitutionnelle, qui ont prévu
différents degrés d'autonomie pour les diverses entités,
soit par l'intervention postérieure des autorités politiques
locales qui ont, grâce aux compétences que leur a reconnues la Constitution, modifié leur propre physionomie
institutionnelle.

Ainsi, selon la Constitution, (art. 2 et 3), la Belgique
est un Etat fédéral composé de trois Communautés (flamande, française et germanophone (10)) et de trois
Régions (flamande, wallonne et de Bruxelles), mais la
Communauté flamande et française, ainsi que la Région
wallonne, ont été dotées d'une autonomie (« autonomie
constitutive ») plus étendue que les autres, qui leur permet de régler des aspects déterminés de leur organisation
et de leur fonctionnement (art. 118 et 123 Const.). De
plus, on n'a pas reconnu à la Région de Bruxelles un
pouvoir législatif équivalent à celui des autres entités.
Ses actes normatifs (ordonnances) peuvent abroger la loi,
mais, à la différence de ceux des Communautés et des
autres Régions (décrets), ils sont soumis au contrôle de
conformité des Cours et Tribunaux et peuvent être

---

(9) Pour la Belgique, voir V. BARHOLOMÉE, « L'asymétrie », *La Belgique fédérale*, Bruxelles, Bruylant, 1994 ; M. UYTTENDAELE, « La Belgique : un modèle de
fédéralisme panaché », *La Réforme de l'Etat... et après ? L'impact des débats institutionnels en Belgique et au Canada*, Bruxelles, Ed. de l'Université de Bruxelles,
1997 ; F. DELPÉRÉE, « La Belgique = Un Etat, trois Communautés, une Région »,
Journal des Procès, 1990, n° 185. Pour le Canada, voir N. OLIVETTI RASON, « Un
federalismo asimmetrico : il Canada », *Esperienze costituzionali contemporanee*,
Padova, CEDAM, 1996, pp. 91 et s.

(10) Il y a, dans la partie Est du pays, située sur le territoire de la Région
wallonne, une petite communauté germanophone composée d'environ 60.000 personnes.

annulés par une des assemblées fédérales quand ils concernent des matières déterminées, indiquées par la loi spéciale sur les institutions de Bruxelles (art. 9, loi spéciale du 12 janvier 1989 relative aux institutions bruxelloises). Enfin, la compétence législative matérielle de la Communauté germanophone est limitée par rapport à celle des autres entités, dans la mesure où elle ne comprend pas la règlementation dans l'emploi des langues.

Les asymétries introduites par les autorités locales sont la conséquence directe de l'absorption des institutions de la Région flamande par la Communauté flamande (art. 137 Const.) et du transfert d'importantes compétences de la Communauté française à la Région wallonne et à la Commission communautaire française (institution composée par les conseillers de la Région de Bruxelles de langue française) (art. 138).

A la suite de ces transformations, quatre seulement des six composantes originelles de l'Etat peuvent encore être considérées des entités fédérées authentiques : Communauté flamande, Région wallonne, Région de Bruxelles et Communauté germanophone (11). Les deux premières entités, qui jouissent d'une autonomie (constitutive) et d'un pouvoir législatif plus étendu, représentent les composantes les plus fortes de la Belgique fédérale et correspondent aux deux principales communautés linguistiques du pays. Il faut noter que les Flamands ont choisi de fondre Région et Communauté au profit de la seconde, tandis que les Francophones ont préféré transférer une partie des compétences de la Communauté à la Région wallonne et à la Commission communautaire française, institution de la Région de Bruxelles.

Ceci signifie que les Flamands ont décidé d'exercer leurs compétences communautaires à travers une institution unique, responsable tant pour le territoire flamand

_____

(11) M. UYTTENDAELE, *Institutions fondamentales de la Belgique*, Bruylant, 1997, p. 124.

que pour celui de Bruxelles, alors que les Francophones les exercent à travers trois entités distinctes, l'une étant compétente pour la Région de langue française, l'autre pour celle de Bruxelles (COCOF) et la dernière pour l'ensemble du territoire (Bruxelles et Région de langue française) dans les matières qui n'ont pas été transférées.

La raison de cette hétérogénéité doit être recherchée dans la conception différente du fédéralisme qu'ont les deux communautés, conception que nous analyserons par la suite. Il importe de souligner ici que l'actuelle structure institutionnelle de la Belgique résulte d'une stratégie du compromis, qui a réussi à concilier des visions et attentes divergentes dans un dessein unitaire.

De par ses caractéristiques, le fédéralisme belge est souvent défini comme un fédéralisme « à géométrie variable » et considéré comme une déviation du modèle traditionnel, fondé sur l'égalité de statut des composantes.

On enregistre au Canada une déviation dans la même direction. Afin de défendre de façon adéquate sa propre « spécificité », le Québec réclame, en effet, des pouvoirs plus importants et des ressources fiscales, ainsi que la limitation du pouvoir fédéral en matière de dépenses dans les secteurs de sa compétence. La requête d'un statut constitutionnel spécial par le Québec se heurte pourtant à l'opposition des Provinces plus petites de la Fédération, qui luttent depuis longtemps pour obtenir l'égalité juridique avec les Provinces politiquement plus fortes, et au refus des partisans du fédéralisme centralisé. En général, les Anglo-canadiens s'opposent à toute éventualité d'un fédéralisme asymétrique qui reconnaîtrait des statuts et des compétences différents aux divers sujets. Il n'en demeure pas moins que le problème reste au centre du débat constitutionnel et que de sa solution dépend la survie même du fédéralisme canadien.

Une autre ressemblance entre ces deux systèmes, peut-être la plus importante de notre point de vue, est l'extension, au cours des dernières années, de l'aire de contrôle de constitutionnalité. Jusqu'à un passé récent, ce dernier était limité, tant en Belgique qu'au Canada, au respect des dispositions constitutionnelles relatives à la répartition des compétences. A partir de 1982 au Canada et de 1988 en Belgique, ce contrôle fut également étendu à la compatibilité des lois avec les dispositions constitutionnelles concernant les droits. Il serait trop long d'analyser dans le cadre de cette étude les raisons spécifiques de ces transformations. On se limitera ici à souligner l'existence de cette analogie : les deux systèmes, caractérisés historiquement par une puissante aversion envers le contrôle de constitutionnalité des lois, sont non seulement parvenus à amplifier (dans le cas du Canada) ou à introduire (dans le cas de la Belgique) le contrôle sur la répartition des compétences entre l'Etat et ses composantes, mais ont également accepté l'idée d'une Cour garante des droits. Tant la Cour suprême que la Cour d'arbitrage se sont ainsi rapidement transformées en organes d'une grande importance politique, dont l'activité pèse sur la physionomie du fédéralisme et des rapports intercommunautaires.

Comment expliquer toutes ces affinités entre deux pays en apparence si différents ?

Puisqu'il faut exclure, en l'absence de trace de réception directe des expériences constitutionnelles entre les deux pays, toute influence réciproque, nous pouvons confirmer nos propos précédents : les analogies résultent du fait que les deux systèmes, en dépit des différences dans leur structure (fédérale ou unitaire), ont traversé la même évolution, consistant en un renforcement progressif des structures centrales à cause de l'affirmation de l'Etat social. La répartition des compétences législatives particulièrement favorable à l'Etat central, l'absence (aujourd'hui comblée au Canada) d'instruments adéquats pour la participation des entités fédérées à la révision constitutionnelle, ainsi que la composition et les modalités de formation de la seconde Chambre dépendent du caractère centralisé du fédéralisme au Canada et du fait que l'actuel fédéralisme belge dérive d'une structure étatique unitaire particulièrement centralisée. L'asymétrie du fédéralisme est, en revanche, la conséquence des crises des systèmes institutionnels centralisés, tant fédéraux qu'unitaires, désormais incompatible avec l'hétérogénéité de la population des Etats multilingues et multiculturels.

Enfin, l'importance croissante prise par les Cours constitutionnelles est peut-être liée à la difficulté de gérer les rapports entre les groupes linguistiques, devenus particulièrement conflictuels ces dernières années, par les mécanismes politiques traditionnels. L'existence d'un organe qui ne fonctionne pas selon une logique politique se révèle particulièrement utile dans des contextes hétérogènes où la fragmentation régionale des partis accroît l'exigence de la médiation.

2. – CRITÈRES
POUR UNE ANALYSE COMPARÉE

2.1. – *L'importance de la question linguistique dans l'étude du fédéralisme belge et canadien*

Nous avons choisi de concentrer notre attention sur le régime linguistique, car nous sommes convaincus que celui-ci contribue de façon importante à déterminer la physionomie institutionnelle du Canada et de la Belgique.

La langue n'est pas seulement un instrument de communication, mais elle est l'expression immédiate et claire des valeurs culturelles et des intérêts socio-économiques d'un groupe déterminé. Elle a une forte charge symbolique dans la mesure où elle souligne l'appartenance ethnique, économique, culturelle ou politique de l'individu (12).

Jadis, les facteurs d'identification culturelle et d'appartenance sociale étaient différents : la religion, l'idéologie ou la classe. A partir des années '60, pourtant, il est incontestable que, tant en Belgique qu'au Canada, peut-être à cause de la mauvaise politique qui avait précédé, les identités se sont construites et les intérêts se sont opposés sur une base linguistique. C'est justement le clivage des langues qui, dans ces deux pays plus que dans les autres Etats multilingues (comme l'Espagne, par exemple), menace à présent l'existence de l'Etat.

La concurrence des langues n'est pas en soi un facteur centrifuge capable de compromettre l'unité d'un pays. Stéphane Dion a récemment rappelé l'importance d'autres conditions géopolitiques, économiques et sociales (13). Ainsi, la concentration géographique des populations sur le territoire est un élément qui peut influencer le processus centrifuge. A ce point de vue, la situation de la Belgique semble délicate : les Francophones sont situés presque exclusivement dans la région wallonne, tandis que les Néerlandophones le sont dans la région flamande. Seule la présence de la Région de Bruxelles, située au nord de la frontière linguistique, mais habitée majoritairement par des Francophones, rompt l'homogénéité territoriale et constitue une garantie puissante contre la séparation. Au Canada, par contre, la concentration territoriale des diverses populations n'est pas aussi nette : plus d'un million de Francophones résident hors du Québec, tandis que le pourcen-

---

(12) Les dispositions destinées à règlementer l'emploi des langues, qui constituent le régime linguistique, visent précisément à traduire en principes juridiques la valeur symbolique de la langue.

(13) S. DION, « Belgique et Canada : une comparaison de leurs chances de survie », *La réforme de l'Etat... et après ?*, cit.

tage d'Anglophones résidant dans cette Province dépasse
les 9 %.

Le conflit linguistique peut également s'intensifier à
cause de l'évolution de l'importance démographique des
divers groupes : le sentiment de mise en minorité peut,
en effet, être aiguisé par la diminution du poids démographique de la communauté et donc par le danger d'assimilation. A ce point de vue, la situation semble stabili-
sée en Belgique (59 % de Néerlandophones, 40 % de
Francophones et 0,7 % de Germanophones), tandis qu'au
Canada, le sentiment de fragilité linguistique reste vif
chez les Francophones.

Enfin, le nombre d'entités fédérées peut aussi jouer un
rôle important dans les équilibres intercommunautaires,
même s'il n'est pas toujours facile d'établir une relation
directe et constante entre le nombre des composantes et
la stabilité politique. En effet, il n'est pas sûr, comme on
le dit souvent, que les unions à deux composantes soient
plus instables que les unions polycentriques. Il est vrai
que, dans les premières, les deux partenaires se trouvent
inévitablement opposés, mais il faut également tenir
compte d'autres circonstances. Il est probable que, si ce
n'était pour la Région de Bruxelles, la Belgique se serait
déjà séparée en deux Etats distincts, mais il est tout aussi
évident que si la composition multipolaire réduit les risques de séparation, elle n'élimine pas ceux de sécession.
Au Canada, en effet, où le dualisme linguistique ne correspond pas au dualisme institutionnel – la Confédération
est constituée de dix Provinces et de deux Territoires –,
c'est l'isolement de l'unique Province francophone et ses
revendications qui mettent l'union en danger.

Le régime linguistique, objet de cette étude, est, lui
aussi, un facteur capable d'influer sur les processus d'intégration ou de désagrégation. Il est composé de cet
ensemble de dispositions qui se réfèrent à l'emploi des
langues et ne doit pas être confondu avec la concurrence

des idiomes, qui est elle, par contre, une simple donnée ethnographique, dépourvue, par nature, de portées politiques et juridiques. L'existence d'un clivage linguistique constitue la base, en quelque sorte neutre, sur laquelle va peser le régime linguistique. Celui-ci est le résultat de choix bien précis en matière de politique constitutionnelle qui modifient l'organisation juridique, en déterminant directement ou indirectement sa physionomie, et qui influencent les modalités des relations entre les deux communautés.

2.2. – *Les modalités d'institutionnalisation des régimes linguistiques comme paramètre de comparaison*

La différence la plus évidente entre le régime linguistique de la Belgique et celui du Canada est que le premier est structuré autour du principe de « territorialité », tandis que le second se base sur le principe opposé de « personnalité ». Pour le principe de territorialité, les règles linguistiques à appliquer dépendent du territoire sur lequel se trouve le citoyen, alors que pour le principe de personnalité les règles linguistiques doivent être repérées en relation au status linguistique de la personne en question (14).

Le choix de la Belgique pour la solution territoriale découle de la conviction que « les langues en contact doivent être séparées autant que possible à l'aide de frontières fixes et sécurisantes » (15). Au Canada, par contre, les institutions fédérales utilisent les deux langues officielles : la loi reconnaît à tout individu résidant dans le pays le droit d'employer, de communiquer et d'être servi dans une des deux langues officielles quand il est en

---

(14) K.D. McRae, « The Principle of Territoriality and the Principle of Personality in Multilingual States », *Linguistics*, 1975, n° 158, p. 33.
(15) J. Laponce, *Langue et territoire*, Québec, Presses de l'Université de Laval, 1984, p. 164.

contact avec les institutions fédérales sur tout le territoire canadien. Les droits linguistiques reconnus par la Constitution et par les lois fédérales s'appliquent aux individus, indépendamment de leur lieu de résidence, et peuvent être exercés sur tout le territoire de l'Etat (16). Le droit à l'emploi de la langue est lié à la personne qui en est titulaire, comme le droit de vote et le droit à la libre manifestation de la pensée, et non au territoire.

Le modèle « territorial » et le modèle « personnel » ont été l'objet d'une grande attention de la part des spécialistes qui ont étudié les deux pays (17). La conclusion qui ressort le plus fréquemment des recherches comparées est qu'aucun des deux modèles n'a réussi à réaliser un équilibre satisfaisant entre unité et diversité, qu'aucun n'a réussi à garantir une certaine stabilité à l'Etat fédéral. Le Québec semble, en effet, être toujours à un pas de la sécession, alors qu'en Belgique les scénarios de séparation sont de plus en plus d'actualité.

Il s'avère donc utile d'introduire dans l'analyse un autre élément de comparaison, qui n'est pris en considération que de façon marginale par les études comparées : les modalités d'institutionnalisation des régimes linguistiques, c'est-à-dire les procédures par lesquelles les solu-

---

(16) En pratique, les droits des minorités linguistiques ne peuvent être exercés que dans la capitale de la Confédération et là où l'emploi de la langue minoritaire fait l'objet d'une demande importante (loi fédérale sur les langues officielles de 1988, art. 20).

(17) S. DION, « Belgique et Canada : une comparaison de leurs chances de survie », La réforme de l'Etat... et après ?, cit. ; A.-G. GAGNON et D. KARMIS, « Fédéralisme et identités collectives au Canada et en Belgique : des itinéraires différents, une fragmentation similaire », Revue canadienne de sciences politiques, 1996, n° 3 ; J. LOBELLE, « Le Québec et la Flandre étude comparative de situations sociolinguistiques », Anthropologie et société, 1982, n° 6 ; P. PATENAUDE (éd.), Québec-Communauté française de Belgique : autonomie et spécificité dans le cadre d'un système fédéral, Montréal, Wilson et Lafleur, 1991 ; D. M. RAYSIDE, « The Impact of the Linguistic Cleavage on the 'Governing' Parties of Belgium and Canada », cit., 1978, 1 ; R. ROUQUETTE, Plurilinguisme et institutions politiques (Belgique, Canada, Luxembourg, Suisse), Doctorat d'Etat en Droit, Paris, 1982 ; N. OLIVETTI RASON, « Recenti tendenze di decentramento istituzionale in Belgio e in Canada », Regione e governo locale fra decentramento istituzionale e riforme, Maggioli, Rimini, 1998, pp. 145 et s.

tions normatives constitutionnelles sont élaborées et, en particulier, le rôle joué par les différentes communautés linguistiques dans cette procédure.

Ce qui diffère dans les deux Etats ce n'est pas seulement *ce* que dit la Constitution à propos des langues, mais aussi *comment* la Constitution est arrivée à ce contenu. En Belgique, les deux communautés ont participé, même si c'est par l'intermédiaire de leurs représentants et non par une consultation populaire, à l'élaboration des dispositions constitutionnelles en matière linguistique. Au Canada, par contre, elles sont l'expression de la vision du gouvernement fédéral.

Dans la société belge, depuis toujours caractérisée par la présence de forts clivages, la décision politique est généralement le résultat d'une négociation (18). Ceci a amené les Belges à un certain relativisme. Ils « ... sont conduits à considérer que l'avenir de l'Etat... n'est pas nécessairement tributaire de convictions bien accrochées et de choix clairs, mais passe parfois par des négociations et des consensus, soit par des solutions qui ne satisfont personne mais qui ne heurtent non plus exagérément personne » (19).

La conséquence de cette « culture du compromis » est que l'on trouve dans la Constitution des dispositions qui sont l'expression d'une volonté commune, comme, par exemple, celles qui, en établissant le double unilinguisme (français au Sud et néerlandais au Nord), font en sorte que personne ne soit obligé de connaître ou de parler les deux langues.

Là où aucun accord n'a été trouvé, des principes hétérogènes, exprimant chacun la valeur fondamentale d'une seule communauté, ont été inclus dans la Constitution. On

---

(18) J. MEYNAUD, J. LADRIERE, F. PERIN (sous la direction de), *La décision politique en Belgique. Le pouvoir et les groupes*, Paris, 1965.
(19) F. DELPÉRÉE, « Entre l'unité et la séparation : une voie moyenne », *La réforme de l'Etat...*, cit., p. 127.

trouve dans le même texte un article qui affirme la compétence des Communautés à régler l'emploi des langues dans certains secteurs (art. 129 Const.), revendiqué surtout par les Flamands, et une disposition de sens opposé qui reconnaît la liberté dans l'emploi des langues (art. 30), très importante pour les Francophones. La présence de deux principes antithétiques peut sembler irrationnelle, mais elle représente, au contraire, le point fort du régime linguistique belge. Le fait qu'on ait voulu donner la même dignité constitutionnelle à des principes différents ne résout pas les antinomies, mais constitue le point de départ pour un futur compromis.

Au Canada, par contre, l'absence de mécanismes de participation adéquats a fait en sorte que seulement une valeur (la liberté d'employer la langue de son choix), chère à la Communauté anglophone, ait été inclue dans le texte fondamental, sous forme de droits linguistiques individuels. Le Québec, qui aspirait à la reconnaissance de la spécificité de sa population francophone par le biais de l'introduction dans la Constitution de droits collectifs, n'a pas été satisfait. Au Canada l'opposition entre les tenants des droits collectifs et les partisans des libertés individuelles a pris l'aspect d'une « guerre de religion », avec tous les absolutismes et les fanatismes que celle-ci comporte. Deux philosophies, deux conceptions globales et inconciliables des rapports entre les communautés s'affrontent. Le régime linguistique, pour les Canadiens, doit être structuré de façon rationnelle et cohérente et donc répondre intégralement à une seule idéologie. Toute concession à la partie adverse mettrait en danger les bases sur lesquelles se fonde le système et le dénaturerait automatiquement. Il résulte de cette conception quasi manichéenne que le régime linguistique en vigueur est celui imposé par la partie la plus forte (20).

_____

(20) Les difficultés de la médiation découlent aussi indubitablement de l'utilisation au Canada d'instruments de démocratie directe dans le processus de révi-

La participation des différentes communautés aux choix constitutionnels semble, à la lumière de l'analyse des expériences belge et canadienne, un critère bien plus significatif pour évaluer les régimes linguistiques que ne le serait la capacité du système à sauvegarder l'unité de l'Etat. En effet, cette dernière n'est pas une fin en soi, mais elle peut être, éventuellement, le résultat d'une politique constitutionnelle adéquate, qui se base sur la connaissance de l'historicité des questions identitaires (c'est-à-dire des conditions sociologiques et des contextes politiques dans lesquels celles-ci se sont développées) et qui tente d'éliminer le sentiment de mise en minorité dont peut souffrir une partie de la population.

Si les deux communautés se sentent concernées par l'élaboration des normes constitutionnelles en matière linguistique et sont convaincues de l'importance de choix constitutionnels partagés, elles parviennent à accepter, comme c'est le cas en Belgique, des solutions institution-nelles qui ne reflètent pas complètement leur propre vision des rapports intercommunautaires ; le débat se déplace alors du terrain du droit international (existence d'un droit à l'autodétermination) (21), sur lequel il se concentre actuellement au Canada, à celui du droit constitutionnel et il prend l'aspect d'une confrontation normale à l'intérieur du système. En Belgique, les initia-tives législatives en matière linguistique sont critiquées et combattues quotidiennement, mais en recourant au

---

sion de la Constitution et de la présence de plusieurs interlocuteurs dans le débat sur les réformes. Le rapport dualiste originel entre Anglophones et Francophones a été, en effet, délayé dans le contexte multiculturel du Canada d'aujourd'hui. La révision constitutionnelle de 1982 n'a pas permis de renforcer la partie la plus faible du rapport dualiste historique et de concrétiser le principe d'égalité entre les deux communautés linguistiques qui est à la base de la politique de bilin-guisme poursuivie par le gouvernement central. Après l'échec du référendum sur la souveraineté d'octobre 1995, le gouvernement du Québec ne peut que s'adapter au système normatif constitutionnel, comme il l'a fait jusqu'à présent. Cette adaptation, cependant, annonce de nouvelles ruptures.

(21) C'est sur ce sujet que s'est interrogée la Cour suprême, à l'occasion de l'arrêt du 20 août 1998. Elle est parvenue à la conclusion qu'il n'existe pas de droit de sécession dans le système canadien.

jugement de constitutionnalité plutôt que, comme au
Canada, en utilisant le référendum sur la souveraineté.

Dans les chapitres suivants, nous examinerons les
régimes linguistiques des deux pays considérés, en cher-
chant à mettre en évidence les dynamiques de politique
constitutionnelle qui ont conduit à la situation actuelle
et en soulignant le rôles des différents protagonistes institutionnels. L'analyse partira, dans le cas de la Belgique, du dispositif constitutionnel, pour passer ensuite à
la législation ordinaire. Pour le Canada, moins connu du
lecteur belge, on consacrera davantage de temps à l'évolution de la législation linguistique.

PREMIÈRE PARTIE

La Belgique

CHAPITRE PREMIER

LES PRINCIPES CONSTITUTIONNELS ET LA RÉPARTITION DES COMPÉTENCES EN MATIÈRE DE LANGUE

1. – EVOLUTION DE LA QUESTION LINGUISTIQUE (22)

La Belgique fut conquise par les Romains au début de notre ère et passa ensuite sous le contrôle des Francs, une population d'origine germanique, à partir du IVe siècle après Jésus-Christ. Les habitants des zones plus septentrionales, où la population était plus clairsemée, furent assimilés par les nouveaux envahisseurs, qui imposèrent leur langue germanique, à l'origine des dialectes flamands et du néerlandais actuel. Au Sud, par contre, dans les régions où la densité était plus élevée, la domination politique des Francs ne se transforma pas en hégémonie linguistique : les habitants continuèrent à parler le latin qui, avec les siècles, se transforma en un dialecte français : le wallon.

Telle est l'origine de la frontière linguistique qui, aujourd'hui encore, sépare la zone flamande de la zone

---

(22) Pour la description de l'évolution historique de la question communautaire et de la législation linguistique v. M. LEROY, *De la Belgique unitaire à l'Etat fédéral*, Bruxelles, Bruylant, 1996 ; A. VON BUSEKIST, *La Belgique. Politique des langues et construction de l'Etat de 1780 à nos jours*, Duculot, 1997 ; X. DEL-GRANGE, « Le fédéralisme belge : la protection des minorités linguistiques et idéologiques », *Revue de Droit Public*, 1995, pp. 1157 et s. ; P. MAROY, « L'évolution de la législation linguistique belge », *Revue de Droit Public*, 1966, pp. 474 e s. ; R. VAN DICK, « Divided we stand. Regionalism, Federalism and Minority Rights in Belgium », *Res Publica*, 1996, p. 429 ; G. CARPINELLI, « Le fractionnement de l'unité belge », *Contradictions*, 1980, n° 23-24.

francophone et qui est à la base de la division de la Belgique en régions linguistiques.

Pendant des siècles, l'hétérogénéité linguistique de la population fut considérée comme insignifiante du point de vue administratif et politique. Les territoires de la Belgique d'aujourd'hui ont fait partie des empires espagnol, autrichien, français et du royaume des Pays-Bas sans que les particularités linguistiques des régions ne fussent prises en considération.

L'utilisation du français par les élites ne correspondait pas à la prédominance de la population francophone sur la population flamande, mais découlait du prestige du français comme langue internationale et de son utilité comme langue véhiculaire, à une époque où, en Flandre, on parlait un ensemble de dialectes flamands, encore éloignés du néerlandais et, au sud, des dialectes tout aussi éloignés du français.

Napoléon fut le premier à utiliser le français comme instrument de pouvoir : il en imposa l'usage, accélérant ainsi la francisation d'une grande partie de la classe moyenne, surtout à Bruxelles.

Après le Congrès de Vienne, quand la Belgique fut annexée au royaume des Pays-Bas, Guillaume I imposa l'emploi du néerlandais, suscitant ainsi l'hostilité de la bourgeoisie dans les provinces du Sud. Dans la Belgique indépendante, le français devint la seule langue officielle.

C'est seulement à partir de la fin du XIXᵉ siècle que les revendications flamandes ont été traduites en dispositions légales. En 1873, l'emploi du flamand fut introduit en Flandre dans la justice pénale, ainsi que, quelques années plus tard (1878), dans l'administration. Suite à l'introduction du suffrage universel plural (1893) et à l'augmentation du poids politique de la population flamande qui s'ensuivit, l'égalité entre les langues en matière législative fut sanctionnée en 1898 et le néerlandais fut déclaré langue officielle de l'Etat à côté du français (23).

On commençait à reconnaître l'hétérogénéité linguistique du Royaume, mais on était encore loin de l'égalité véritable entre les deux langues.

Avec la Première Guerre Mondiale, qui vit les soldats flamands participer à l'effort de guerre sans souvent comprendre la langue de leurs supérieurs, et avec l'introduction du suffrage universel pur et simple, survenue dans l'immédiat après-guerre, on passa du régime libéral au régime démocratique et la bataille pour l'égalité entre les langues se transforma en lutte pour la participation politique et culturelle.

Avec les lois linguistiques des années '20 et '30, l'emploi des langues fut réglementé pour la première fois dans tout le pays : il s'agissait d'un régime de double unilinguisme (français en Wallonie et néerlandais en Flandre), tempéré par le bilinguisme de Bruxelles, par de nombreuses dispositions qui prévoyaient l'utilisation des deux langues dans l'administration et par les normes visant à la protection des minorités linguistiques.

Les années '60 représentent une période de profond changement au sein de la société belge : les oppositions linguistiques commencent à devenir plus importantes que les oppositions traditionnelles, essentiellement d'ordre idéologique. Une nouvelle législation linguistique fut adoptée pour répondre aux nouvelles exigences : une frontière linguistique fixe fut établie et, en 1962 et 1963, les lois sur l'usage des langues dans l'enseignement, dans l'administration et en matière judiciaire, qui sont actuellement en vigueur, furent approuvées.

Ces lois éliminèrent plusieurs éléments de bilinguisme contenus dans la législation précédente et ouvrirent la voie aux réformes institutionnelles qui, à partir des

---

(23) M. LEROY, *De la Belgique unitaire à l'Etat fédéral*, cit., p. 11.

années '70, transformèrent la Belgique en un Etat fédéral.

Si, à la fin des années '60, les Flamands aussi bien que les Francophones souhaitaient donner un habit institutionnel aux nouvelles réalités sociales, les deux groupes avaient néanmoins une vision différente de la réforme de l'Etat. Les premiers demandaient la création d'organes pour gérer de façon autonome la politique culturelle, tandis que les seconds, considérant que l'Etat central favorisait les intérêts flamands, exigeaient l'institution d'entités à vocation politique plus large, également responsables de la programmation économique, ce qui aurait permis, à leur avis, de sauvegarder les intérêts du sud du pays.

Pour répondre à ces exigences hétérogènes, à l'occasion de la révision constitutionnelle de 1970 qui mit fin à la Belgique unitaire, trois Communautés (flamande, française et germanophone) et trois Régions administratives (flamande, wallonne et de Bruxelles) ont été créées. Aux Régions ont été confiés certains aspects de la politique socio-économique, alors que les Communautés ont été chargées de la culture, de la santé, de l'aide sociale, de l'enseignement et des langues. Les Communautés, comme les Régions d'ailleurs, ont été autorisées à adopter des « décrets », qui ont force de loi. En ce qui concerne les langues, l'Etat est resté compétent pour en régler l'emploi à Bruxelles, dans les communes à statut spécial et pour les institutions fédérales dont l'activité s'étend à plus d'une Communauté (art. 129 de la Const.) (24).

---

(24) Sur l'aménagement institutionnel de l'Etat belge voir R. Senelle, *La réforme de l'Etat belge*, Bruxelles, 1978 ; A. Alen, *Treatise on Belgian Constitutional Law*, Deventer, KLuwer, 1992 ; F. Delpérée (sous la direction de), *La Constitution fédérale du 5 mai 1993*, Bruxelles, Bruylant, 1993 ; *Les réformes institutionnelles de 1993 : vers un fédéralisme achevé ?*, Bruxelles, Bruylant, 1994 ; F. Delpérée (sous la direction de), *La Belgique fédérale*, Bruxelles, Bruylant, 1994 ; R. Ergec, *Introduction au droit public*, Kluwer éd., Diegem, 1997 ; M. Uyttendaele, *Regards sur un système institutionnel paradoxal*, Bruxelles, Bruylant, 1997.

2. – La liberté dans l'emploi des langues et l'article 30 de la Constitution

Le régime linguistique belge est dessiné, dans ses lignes essentielles, par les articles 4, 30 et 129 de la Constitution. Les normes constitutionnelles sont, naturellement, complétées par diverses lois fédérales et de nombreux décrets communautaires, mais les dispositions citées nous donnent déjà de nombreux renseignements sur la nature du régime linguistique, les sujets législatifs impliqués et le fonctionnement du système dans son ensemble.

L'art. 30 remonte à la rédaction originelle de la Constitution belge et, bien qu'il ait été soumis à une révision (25), il n'a jamais été modifié. Il concerne la liberté dans l'emploi des langues et établit que cette liberté ne peut être limitée que par la loi, et uniquement pour les actes de l'autorité publique et pour les affaires judiciaires. Le Constituant y a rendu explicite le contenu d'un droit de liberté qui n'est nié dans aucun contexte démocratique (26).

En Belgique, l'interprétation de cet article a suscité d'interminables discussions et, aujourd'hui encore, sa portée effective n'est toujours pas claire. Dans une première phase, le débat a tourné autour de la capacité du droit de liberté prévu par l'art. 30 à réaliser une véritable égalité entre citoyens flamands et francophones. Les Flamands soutenaient que, dans un contexte de discrimination sociale, la liberté dans l'emploi des langues aggravait les disparités : elle ne garantit pas à la langue minoritaire les instruments nécessaires à sa défense et à son

---

(25) A l'occasion de la déclaration de révision du 3 mars1968.
(26) Pour B. De Witte, la liberté linguistique est reconnue par tous les règlements qui garantissent la liberté d'expression, laquelle protégerait non seulement le contenu du message, mais aussi l'outil pour l'exprimer, c'est-à-dire la langue, « Droits fondamentaux et protection de la diversité linguistique », *Langue et droit*, Actes du Premier Congrès de l'Institut international de droit linguistique comparé, Montréal, 1989, pp. 92 et s.

renforcement. A leur avis, l'introduction d'une législation qui en imposerait l'usage au moins dans une partie du pays aurait défendu beaucoup plus efficacement l'égalité entre les deux langues. C'était l'époque des revendications linguistiques flamandes qui visaient à réaliser, à travers des mesures positives de protection de la langue et de la culture, l'émancipation de la population flamande et sa participation effective à la vie sociale, économique et politique du pays. Les Francophones, par contre, ne voulaient pas renoncer au principe d'égalité entre les individus, reconnu par l'art. 30. On a ici affaire à l'opposition entre défenseurs des libertés individuelles et partisans des droits collectifs, typique des situations où l'une des deux composantes de la population se sent, à tort ou à raison, mise en minorité (27).

A l'heure actuelle, en revanche, l'art. 30 de la Constitution est au centre d'un autre type de débat. Pour certains, avec la parité effective entre les deux composantes de la population et l'instauration d'un régime de double unilinguisme par l'introduction de nouvelles dispositions constitutionnelles, l'art. 30 représente un frein aux abus de l'unilinguisme, le dernier bastion pour la défense des droits individuels (28). Pour les autres, il s'agit, au contraire, d'une norme incompatible avec les nouveaux articles de la Constitution et qui aurait, par conséquent, été « implicitement abrogée ».

Pour comprendre quelle est l'interprétation la plus adéquate de l'article 30 dans le contexte actuel, il faut prendre en considération le contenu de l'article 129 de la

---

(27) Le Canada traverse actuellement cette phase. En effet, la population francophone du Québec, se sentant toujours discriminée à l'intérieur de la fédération qui pratique une politique de bilinguisme, réclame la reconnaissance de droits collectifs, qui lui permettrait de mieux défendre la langue française et de réaliser ainsi une véritable égalité entre communautés anglophone et francophone.

(28) X. DELGRANGE, « Le fédéralisme belge et la protection des minorités linguistiques et idéologiques », op. cit., p. 1180 ; F. DELPÉRÉE, Droit constitutionnel, Larcier, 1987, p. 422 ; J.-C. SCHOLSEM, « Fédéralisme et protection des minorités

Constitution. Ajouté en 1970, l'art. 129 reconnaît aux Communautés le pouvoir de régler l'emploi des langues dans les matières administratives, dans l'enseignement et dans les relations sociales. La norme a, de la sorte, produit le double effet de déplacer, dans les matières mentionnées, le pouvoir législatif de l'Etat vers les Communautés et de restreindre la portée de la liberté dans l'emploi des langues. Le déplacement du pouvoir législatif ne semble pas poser de problème de compatibilité avec l'art. 30, dans la mesure où les Communautés culturelles ont été dotées – précisément à l'occasion de la révision constitutionnelle qui a ajouté l'art. 129 – d'une capacité normative équivalente à celle de l'Etat. L'art. 30, en effet, lorsqu'il se réfère à la loi comme unique source autorisée à peser sur la liberté dans l'emploi des langues, ne cherche pas à l'opposer aux décrets des Communautés (qui n'existaient pas au moment de son élaboration), mais aux arrêtés du Roi (29). Beaucoup plus problématique, en revanche, est la restriction de la liberté linguistique produite par l'art. 129, qui attribue aux Communautés, et de manière limitée au législateur national (30), la compétence de régler l'usage des langues non seulement dans les matières administratives, qui peuvent être assimilées (avec les réserves que nous évoquerons plus loin) aux actes de l'autorité dont parle l'art. 30, mais aussi dans l'enseignement et dans les relations sociales, secteurs qui, jusqu'alors, n'avaient pas été mentionnés

en Belgique », *La protection des minorités*, Les éditions du Conseil de l'Europe, 1994, p. 342.

(29) Comme le rappelle F. Dehousse, la théorie des matières réservées avait pour but de protéger le pouvoir législatif des abus de l'exécutif et non pas d'empêcher que les compétences de l'Etat ne fussent exercées par les Régions ou les Communautés, « Chronique de jurisprudence », *Administration Publique Trim.*, 1986, p. 73.

(30) Selon la Cour d'arbitrage : « depuis l'entrée en vigueur de l'art. 59*bis* (aujourd'hui art. 129), le législateur national a, dans les limites de sa compétence territoriale résiduaire, la même compétence matérielle pour régler l'emploi des langues en matière sociale, que les Communautés française et flamande dans leurs limites territoriales respectives » (arrêt du 25 mars 1986, n° 15, point B.3).

dans la Constitution (31). Il est clair que l'introduction de l'art. 129 a provoqué une modification implicite du texte constitutionnel et qu'elle a ainsi mis en danger la sécurité juridique. Il eût été préférable de reformuler l'article 30 pour rétablir la cohérence du système et éviter des interprétations de la législation linguistique inconciliables. Comme le Constituant n'a pas voulu agir en ce sens, le problème de l'interprétation de l'art. 30 dans son nouveau contexte demeure. La thèse de l'abrogation implicite semble excessive et contraire tant au bon sens qu'aux intentions des auteurs de la réforme qui ressortent des travaux préparatoires (32). La volonté du Constituant de 1970 n'était pas d'empêcher, en quelque domaine que ce soit, y compris la vie privée, l'emploi de la langue choisie, mais plutôt de favoriser le développement et la protection de la culture flamande (et l'émancipation des citoyens flamands) en introduisant des obligations linguistiques dans quelques domaines importants de la vie culturelle, économique et sociale (33). Il semble

---

(31) Cela n'avait néanmoins pas empêché le législateur national de réglementer l'enseignement (loi du 30 juillet 1963) et aussi, dans une certaine mesure, les relations sociales. L'art. 52, § 1er, des lois coordonnées sur l'emploi des langues dans les matières administratives de 1966 impose, en effet, l'emploi de la langue de la Région aux entreprises industrielles, commerciales ou financières, pour les actes et les documents imposés par la loi et par les règlements, et pour ceux qui sont destinés à leur personnel. Il s'agissait d'une réglementation moins sévère que celle introduite, dans la suite, par l'art. 129, mais elle pouvait néanmoins sembler contraire à l'art. 30 de la Constitution qui, à l'époque de l'élaboration de la loi, était l'unique disposition constitutionnelle en matière de langue. La Cour d'arbitrage, saisie de recours dans lesquels on lui demandait d'établir si, avant l'entrée en vigueur de l'art. 129, le législateur national eût été compétent pour légiférer en la matière, se déclara incompétente (arrêts du 25 mars 1986, nos 12, 13, 15 et 16 ; arrêt du 20 mai 1986, n° 18 ; arrêt du 12 juin 1986 n° 19 ; arrêts du 25 juin 1986, n° 20-23).

(32) Pour une description des travaux préparatoires de l'art. 129, v. P. Maroy, « Des lois et décrets sur l'emploi des langues dans les entreprises », Journal des Tribunaux, 1978, n° 5037.

(33) P. Maroy met en évidence les attentes différentes des Flamands et des Francophones à l'égard de l'art. 129 : « Du côté français, on comptait sur une interprétation restrictive, fondée sur les travaux préparatoires. Du côté néerlandais, on savait que le texte permettrait de soutenir d'autres interprétations », « Des lois et décrets sur l'emploi des langues dans les entreprises », Journal des Tribunaux, 1978, n° 5038, p. 293.

donc préférable d'opter pour la thèse de la modification
implicite de l'art. 30 : le Constituant a restreint la portée
de la liberté linguistique, mais n'a pas voulu la supprimer. Nous verrons par la suite que le choix de cette
interprétation aura des conséquences importantes sur
l'évaluation du régime linguistique dans son ensemble.

3. – L'ATTRIBUTION AUX COMMUNAUTÉS
DES COMPÉTENCES EN MATIÈRE LINGUISTIQUE :
CONCEPTION TERRITORIALE ET PERSONNELLE

Avec l'introduction de l'art. 129, la matière linguistique n'est plus seulement le lieu de conflits entre droits
individuels et collectifs, mais elle devient aussi un espace
de confrontation entre l'Etat et ses composantes et entre
les entités fédérales elles-mêmes. C'est ici que la problématique du régime linguistique interagit avec celle du
fédéralisme. En effet, à l'heure actuelle, un plus grand
nombre de législateurs intervient en matière linguistique
(le législateur national conserve la compétence résiduelle,
tandis que les Communautés ont les compétences expressément attribuées par la Constitution), alors que, précédemment, les autorités centrales étaient les seules à légiférer dans le secteur, même si c'était toujours par des
procédures de décision consensuelles qui impliquaient les
représentants des deux communautés.

Pour pouvoir décrire le système de répartition des
attributions en matière linguistique, tant entre l'Etat et
les Communautés qu'entre ces dernières, il est nécessaire
de clarifier au préalable la nature des Communautés.
Alors que les Régions apparaissent sans aucun doute, à
cause des compétences qui leur ont été assignées, comme
des entités territoriales, la qualification des Communautés a, depuis leur création, été plus problématique.

La majeure partie des Francophones les considéraient comme des entités à base personnelle, avec des compétences sur tous les citoyens parlant la même langue, alors que les Flamands en avaient, comme pour les Régions, une conception territoriale. Pour le professeur J. Velu, par exemple, « la notion de 'communauté culturelle' n'avait pas un caractère strictement territorial » (34). Selon P. Legros, « la Communauté n'a pas un territoire qui lui est propre, contrairement à la Région. La Communauté française de Belgique est constituée par l'ensemble des hommes et des femmes belges qui parlent la langue française et indépendamment de la question de savoir où ils résident, en Belgique ou à l'étranger » (35). Pour M. Uyttendaele également, les Communautés sont des « collectivités politiques qui ne peuvent se résumer par la simple référence à un territoire. Il doit, en effet, être fait simultanément appel à des données de nature 'communautaire' ou 'linguistique' afin de cerner le champ d'actions des normes communautaires » (36). Les Flamands, par contre, ont toujours estimé que les Communautés avaient une base territoriale bien précise, indiquée par l'art. 127 § 2 de la Constitution et, qu'en conséquence, leurs décrets étaient valables exclusivement sur le territoire des Régions linguistiques respectives, telles que définies par l'article 4 de la Constitution (37).

Cette divergence de perception du « fait communautaire » et, par conséquent, de l'Etat, explique pourquoi le Constituant a laissé des marges d'ambiguïté dans le système de répartition des compétences communautaires,

---

(34) J. Velu, *Notes de droit public*, 1980-1981, Bruxelles, P.U.B, n° 1012, p. 721.

(35) P. Legros, « L'influence du droit international privé sur la jurisprudence de la Cour d'Arbitrage », *Mélanges offerts à Raymond Vander Elst*, Bruxelles, 1986, p. 521.

(36) M. Uyttendaele, *Le fédéralisme inachevé, réflexions sur le système institutionnel belge, issu des réformes de 1988-1989*, Bruylant, Bruxelles, 1991, p. 480.

(37) R. Senelle, *La réforme de l'Etat*, 1980, vol. 3, pp. 177 et 178.

dessiné par les articles 4, 127, 128 et 129 de la Constitution.

L'art. 4 (38) indique les régions linguistiques qui composent la Belgique et constitue le présupposé de la compétence communautaire territoriale reconnue par les articles 127 (39), 128 (40) et 129 (41). Ces dernières dispo-

(38) Art. 4 Const. : « La Belgique comprend quatre régions linguistiques : la région de langue française, la région de langue néerlandaise, la région bilingue de Bruxelles-capitale et la région de langue allemande. Chaque commune du Royaume fait partie d'une de ces régions linguistiques. Les limites des quatre régions ne peuvent être changées ou rectifiées que par une loi adoptée à la majorité des suffrages dans chaque groupe linguistique de chacune des Chambres, à la condition que la majorité des membres de chaque groupe se trouve réunie et pour autant que le total des votes positifs émis dans les deux groupes linguistiques atteigne les deux tiers des suffrages exprimés ».

(39) Art. 127 Const. « § 1. Les Conseils de la Communauté française et de la Communauté flamande, chacun pour ce qui le concerne, règle par décret : 1° les matières culturelles ; 2° l'enseignement, à l'exception : de la fixation du début et de la fin de l'obligation scolaire, des conditions minimales pour la délivrance des diplômes, du régime des pensions ; 3° la coopération entre les Communautés, ainsi que la coopération internationale, y compris la conclusion des traités, pour les matières visées aux 1° et 2°. Une loi adoptée à la majorité prévue à l'article 4, dernier alinéa, arrête les matières culturelles visées au 1°, les formes de coopération visées au 3°, ainsi que les modalités de conclusion des traités, visées au 3°. § 2. Ces décrets ont force de loi respectivement dans la région de langue française et dans la région de langue néerlandaise, ainsi qu'à l'égard des institutions établies dans la région bilingue de Bruxelles-capitale qui, en raison de leurs activités, doivent être considérées comme appartenant exclusivement à l'une ou l'autre communauté ».

(40) Art. 128 Const. : « § 1. Les Conseils de la Communauté française et de la Communauté flamande règlent par décret, chacun en ce qui le concerne, les matières personnalisables, de même qu'en ces matières, la coopération entre les communautés et la coopération internationale, y compris la conclusion des traités. Une loi adoptée à la majorité prévue à l'article 4, dernier alinéa, arrête ces matières personnalisables, ainsi que les formes de coopération et les modalités de conclusion des traités. § 2. Ces décrets ont force de loi respectivement dans la région de langue française et dans la région de langue néerlandaise, ainsi que, sauf si une loi adoptée à la majorité prévue à l'article 4, dernier alinéa, en dispose autrement, à l'égard des institutions établies dans la région bilingue de Bruxelles-capitale qui, en raison de leur organisation, doivent être considérées comme appartenant exclusivement à l'une ou l'autre communauté ».

(41) Art. 129 Const. : « § 1. Les Conseils de la Communauté française et de la Communauté flamande, chacun pour ce qui le concerne, règle par décret, à l'exclusion du législateur fédéral, l'emploi des langues pour : les matières administratives ; l'enseignement dans les établissements créés, subventionnés ou reconnus par les pouvoirs publics ; les relations sociales entre les employeurs et leur personnel, ainsi que les actes et documents des entreprises imposés par la loi et les règlements. § 2. Ces décrets ont force de loi respectivement dans la région de langue française et dans la région de langue néerlandaise, excepté en ce qui concerne :
– les communes ou groupes de communes contigus à une autre région linguistique

sitions, après avoir énuméré, dans leurs paragraphes 1ers respectifs, les compétences des Communautés dans les matières culturelles, l'enseignement (art. 127), les matières « personnalisables », comme la santé ou l'aide aux personnes (art. 128) et dans l'emploi des langues (art. 129), expliquent, aux paragraphes 2èmes, que les décrets communautaires dans ces secteurs ont force de loi dans les régions linguistiques respectives (42). De cette façon, la Constitution se limite à indiquer *la portée territoriale* des décrets communautaires et ne dit rien à propos des *critères sur base desquels localiser une situation juridique sur le territoire des diverses régions linguistiques*, c'est-à-dire de ceux qui sont appelés, en droit international privé, facteurs de rattachement.

Par conséquent, la doctrine, suivant la jurisprudence de la Cour de cassation (43), a estimé qu'il revenait aux seuls législateurs de déterminer les critères d'application des normes qu'ils adoptaient. Les Communautés se sont ainsi senties autorisées à interpréter leur autonomie dans un sens large et elles ont élaboré, en se basant chacune sur sa propre vision, des critères de localisation qui se sont rapidement révélés inconciliables : la Communauté flamande, par exemple, a décidé de localiser les relations

---

et où la loi prescrit ou permet l'emploi d'une autre langue que celle de la région dans laquelle ils sont situés. Pour ces communes, une modification aux règles sur l'emploi des langues dans les matières visées au § 1 ne peut être apportée que par une loi adoptée à la majorité prévue à l'article 4, dernier alinéa ; – les services dont l'activité s'étend au-delà de la région linguistique dans laquelle ils sont établis ; – les institutions fédérales et internationales désignées par la loi dont l'activité est commune à plus d'une communauté.

(42) Chacun des trois articles cités prévoit des exceptions en faveur du législateur national pour lesquelles on se reportera aux textes des articles cités dans les notes précédentes.

(43) La Cour de cassation a nié, dans le fameux arrêt de 11 juin 1979, le caractère rigoureusement exclusif des compétences des Communautés et a admis l'existence d'une zone de compétence commune à plusieurs législateurs. Pour la reconstitution du débat sur la répartition des compétences avant l'institution de la Cour d'arbitrage v. M. LEROY, « Les conflits de compétence en matière d'emploi des langues et leur réglement », *Administration Publique Trim.*, 1981 (en particulier, sur la position de la Cour de cassation v. p. 64) ; M. FALLON et Y. LEJEUNE, « La pratique belge des conflits interterritorriaux à l'épreuve du droit comparé », *Annales de droit de Louvain*, 1982, n° 3.

sociales entres employeurs et personnel, secteur dans
lequel la Constitution lui reconnaît le pouvoir de régler
l'emploi des langues, en recourant aux critères du siège
de l'établissement et du lieu de travail : étaient donc soumises à la législation flamande – avant l'intervention de
la Cour d'arbitrage dont nous parlerons plus tard –
toutes les entreprises qui employaient du personnel dans
la Région flamande, même si elles avaient leur siège en-
dehors de cette Région, et toutes les entreprises qui
avaient leur siège social dans la Région flamande, même
si le personnel était employé en-dehors de la Région (44).
De son côté, la Communauté française a décidé d'appliquer ses propres normes dans l'emploi des langues à
toutes les entreprises qui occupaient des travailleurs
d'expression française, quel que soit l'endroit où ceux-ci
effectuaient leurs prestations (45). Le cas du travailleur
francophone employé auprès d'une entreprise dans la
Région de langue flamande et celui du travailleur francophone employé en dehors de la Région de langue flamande, mais qui dépendait d'une entreprise ayant son
siège social dans cette Région, étaient donc réglés par des
normes appartenant à des ordres juridiques distincts et
de surcroît incompatibles.

De nombreux commentateurs, surtout après la réforme
de 1980, ont estimé qu'en l'absence d'indications constitutionnelles contraignantes à propos des critères de rattachement des situations juridiques, les conflits entre les
décrets issus de l'incompatibilité de tels critères ne rele-
vaient pas d'un excès de compétence. Ils mettaient donc
implicitement en doute le caractère exclusif de la répartition territoriale des compétences (46). Cette théorie,

---

(44) Décret flamand du 19 juillet 1973 (*Mon.*, 6 septembre 1973).
(45) Décret de la Communauté française du 30 juin 1982 (*Mon.*, 27 août
1982).
(46) Sur le débat autour de la nature des conflits de compétence, v. M. MA-
HIEU, « Les décrets linguistiques devant la Cour d'arbitrage », *Journal des Tribunaux*, 1986, n° 5374.

appelée théorie des « conflits sans excès », a permis aux Conseils des Communautés d'étendre, même si c'était de façon anarchique et hésitante, le champ d'application de leurs décrets. En même temps, l'élasticité des critères de rattachement a encouragé les Francophones à interpréter dans un sens non contraignant les indications des articles 127 § 2 et 129 § 2, et à privilégier une vision de la Communauté comme entité à base personnelle. L'exécutif de la Communauté française a eu l'occasion d'affirmer que « la Constitution ne confère pas de territoire aux communautés. L'attribution des compétences décrétales dans une région linguistique déterminée n'a de signification que dans la mesure où une région linguistique est une région où résident des personnes parlant la même langue » (47). En l'absence d'indications constitutionnelles, il était permis de formuler, ajoutait l'exécutif de la Communauté française, des critères de rattachement relatifs aux personnes : « La langue parlée par une personne constitue un élément déterminant en vue de savoir qui est compétent envers elle. Le critère de territorialité n'est qu'un critère complémentaire permettant de désigner les sujets de droit d'une communauté » (48).

4. – LA PRIMAUTÉ DU PRINCIPE DE TERRITORIALITÉ SUITE À LA JURISPRUDENCE DE LA COUR D'ARBITRAGE

En 1986, la Cour d'arbitrage s'est prononcée, dans plusieurs arrêts célèbres, sur l'emploi des langues dans les relations sociales, en élaborant une série de principes qui lui ont permis de rendre plus intelligible le système de répartition des compétences dans son ensemble (49). L'importance de la jurisprudence de la Cour impose un

(47) C.A., 30 janvier 1986, n° 9.
(48) C.A., n° 9, cité, point 5B1.
(49) Ceci souligne l'importance de la thématique linguistique dans le processus de fédéralisation de l'Etat belge.

examen détaillé de deux décisions particulièrement significatives (50).

Dans l'arrêt n° 10 (51), la Cour s'est exprimée sur la constitutionnalité du fameux « décret de septembre », par lequel le Conseil de la Communauté flamande réglait l'emploi des langues dans les relations sociales (52). L'exécutif de la Communauté française en avait demandé l'annulation parce qu'il s'appliquait, comme nous l'avons vu, aux entreprises qui occupaient du personnel dans la Région de langue flamande, même lorsque ces dernières avaient leur siège d'exploitation en dehors de cette Région. Dans l'arrêt n° 9 (53), par contre, la Cour a examiné le décret de la Communauté française du 30 juin 1982 (54), qui concernait également l'emploi des langues dans les relations sociales et s'appliquait à tous les travailleurs d'expression française, sans établir de lien avec la Région linguistique.

La Cour a partiellement annulé les deux décrets. Le critère de rattachement tiré de l'occupation de travailleurs d'expression française ne localisait d'aucune manière les relations sociales entres employeurs et personnel, et ne pouvait résister, selon la Cour, à l'épreuve de la constitutionnalité (arrêt n° 9). Un des critères de localisation choisis par le législateur communautaire fla-

---

(50) Sur ces arrêts et d'autres arrêts de 1986 v. M. MAHIEU, « Les décrets linguistiques... », cit. ; P. QUARTAINMONT et M. UYTTENDAELE, « La Cour d'arbitrage, An II », *A.P.T.*, 1986, pp. 61 et s ; M. UYTTENDAELE, « Existe-t-il un droit interrégional... », cit. ; B. JADOT, « La jurisprudence de la Cour d'arbitrage et le système constitutionnel », *La Cour d'arbitrage : Actualités et perspectives*, Bruxelles, Bruylant, 1988, pp. 230 et s. ; F. DELPÉRÉE et A. RASSON-ROLAND, *Recueil d'études sur la Cour d'arbitrage*, Bruxelles, Bruylant, 1990, pp. 118 et s. ; J. SAROT, *La jurisprudence de la Cour d'arbitrage*, Bruxelles, Bruylant, 1990, pp. 221 et s. Dans de nombreux arrêts plus récents, la Cour d'arbitrage a confirmé l'interprétation exprimée dans les arrêts de 1986 (arrêts n°s 9, 10, 17, 29 de 1996).
(51) C.A., 30 janvier 1986, n° 10.
(52) Décret flamand du 19 juillet 1973 (*Mon.*, 6 septembre 1973).
(53) C.A., 30 janvier 1986, n° 9.
(54) Décret de la Communauté française du 30 juin 1982 (*Mon.*, 27 août 1982).

mand a également été déclaré inconstitutionnel. En effet, tout en étant territorial, le critère tiré du lieu d'occupation du personnel ne plaçait dans l'aire de compétence flamande qu'un élément des relations sociales, c'est-à-dire le personnel, et non pas, comme le requiert la Constitution, « les relations sociales entre les employeurs et le personnel » (arrêt n° 10). La Cour a déclaré exclusivement valide le critère du siège de l'établissement.

A l'occasion de ces arrêts, des principes extrêmement importants ont été affirmés. Avant tout, le caractère exclusif des compétences territoriales a été confirmé (55)   :   « Ces dispositions constitutionnelles (art. 129 § 1 et 129 § 2) ont déterminé une répartition exclusive des compétences territoriales. Un tel système suppose que l'objet de toute norme adoptée par un législateur communautaire puisse être localisé dans le territoire de sa compétence de sorte que toute relation et toute situation concrètes soient réglées par un seul législateur ». Par conséquent, les Communautés ne peuvent être considérées comme totalement libres dans leur choix des critères de rattachement, puisqu'elles doivent nécessairement opter pour des critères empêchant qu'une relation ou une situation concrètes soient réglées par deux législateurs.

Il est donc nécessaire de se référer à des principes communs, qui permettent de déterminer des critères compatibles : selon la Cour, les Communautés doivent fixer des critères de localisation dans le respect des dispositions

---

(55) Cette caractéristique du système belge de répartition des compétences avait déjà été affirmée durant les travaux préparatoires de la loi du 28 juin 1983 relative à l'organisation, aux compétences et au fonctionnement de la Cour d'arbitrage (*Moniteur belge*, 28.7.1983). Très intéressant est, en particulier, le Rapport fait au nom de la Commission de la Révision de la Constitution et de la Réforme des Institutions, par Mme Herman-Michielsens et M. Lallerman, Sénat, *Doc. parl.*, session 1981-1982, n° 246/2 du 30 mars 1983, ainsi que dans « Pasinomie », 1983, p. 748. Pour l'analyse et le commentaire de ces travaux préparatoires v. F. RI-GAUX, « Les règles de droit délimitant leur propre domaine d'application », *Annales de droit de Louvain*, 1983, n° 4.

constitutionnelles qui attribuent la compétence matérielle (art. 129 § 1), lues *conjointement* à celles qui établissent l'aire géographique de validité des normes (art. 129
§ 2). Etant donné que (malgré le respect de ces dispositions constitutionnelles), les législateurs communautaires
pourraient choisir des critères incompatibles, la Cour
s'est déclarée compétente pour résoudre les éventuels
contrastes (56).

En affirmant l'exclusivité des compétences de chaque
Communauté sur son territoire et l'existence de critères
uniformes de répartition des compétences, la Cour a
assuré les moyens de coexistence entre les diverses
entités dans le même Etat.

Bien qu'en désaccord avec la vision de la Communauté comme entité à base personnelle, la jurisprudence
de la Cour a également été acceptée, dans ses lignes
fondamentales, par la partie francophone. Pourtant, les
conséquences des arrêts sur l'autonomie des législateurs
communautaires dans le choix des critères de rattachement sont telles qu'on aurait pu attendre une réaction
plus marquée, tant de la part de la doctrine que du
côté des autorités politiques francophones. Les constitu-
tionnalistes ont, au contraire, généralement apprécié
l'intervention de la Cour, qui rétablissait une vision
claire du système de répartition des compétences (57),

---

(56) C.A., 30 janvier 1986, n° 9 (p. 5B1) et n° 10 ; M. MAHIEU, *op. cit.*
p. 211 ; *La Cour d'arbitrage : actualité et perspectives*, cit. p. 133.

(57) M. UYTTENDAELE, se référant aux arrêts de la Cour d'arbitrage, affirme
que... « ces décisions ont permis de rétablir la sécurité juridique dans la délicate
question de l'emploi des langues dans les relations sociales » et il ajoute : « En
reconnaissant que les communautés disposent d'un territoire, elle ne fait, à
notre sens, qu'interpréter les termes mêmes de la Constitution... il serait difficile d'admettre que les normes adoptées par un conseil de communauté puissent
avoir force de loi dans le territoire d'une autre région linguistique... La Cour –
en affirmant l'existence d'un territoire communautaire – offre aux communautés une identité qui pourrait les élever au rang d'entité fédérale. Elle évite
également que ne surgissent, à terme, d'insolubles problèmes juridiques liés à
la répartition des compétences », « Existe-t-il un droit interrégional privé en Belgique ? », *Mélanges offerts à Raymond Vander Elst*, Tome II, Bruxelles, éd.
Nemesis, 1986, pp. 795-796.

et ils ont accepté, en substance, le principe de territorialité (58).

Malgré quelques réticences de la part des Francophones, on peut affirmer que la majeure partie de la doctrine ne met plus en doute la « territorialité » des Communautés. En réalité, les seuls éléments à caractère personnel présents dans le système belge sont ceux qui dérivent
de la compétence simultanée des deux Communautés sur
le territoire de la Région de Bruxelles-capitale. D'ailleurs, c'est toujours et uniquement à Bruxelles que se
réfèrent les auteurs qui parlent de la nature « personnelle » des Communautés (59).

En effet, à Bruxelles la population peut utiliser les services des deux Communautés : il y a des écoles, des hôpi-
taux et des institutions sociales et culturelles de langue
française et de langue néerlandaise, mais, d'après le prescrit constitutionnel, les Communautés exercent leur
autorité sur les institutions et non sur les personnes, qui
sont libres de s'adresser aux institutions d'une des deux
Communautés, quelle qu'elle soit : elles peuvent donc

---

(58) Les organes politiques de la Communauté ont, par contre, persévéré dans
leurs efforts pour étendre l'aire de validité de leurs décrets au-delà de leur propre
Région linguistique, mais en élaborant des argumentations qui respectaient formellement les principes formulés par la Cour. Par exemple, en 1994, la Communauté française, afin de promouvoir et défendre la culture française dans les communes à statut spécial (situées dans la Région flamande), avait prévu dans son
budget des subventions en faveur des associations situées dans la Région de langue française ou dans la Région de Bruxelles qui avaient pour mission « d'encourager des formes de création culturelle dont les destinataires sont domiciliés dans
les communes à statut linguistique spécial » (décret de la Communauté française
du 22 décembre 1994, contenant le budget général des dépenses de la Communauté française de l'année budgétaire 1995, publié au *Moniteur belge* du 7 juin
1995). La Communauté française pensait, de cette façon, réussir à protéger les
minorités françaises dans la Région flamande, tout en respectant formellement les
prescriptions de l'art. 127 § 2 de la Constitution, relatives à la compétence territoriale des Communautés. Le décret concernait en fait des associations situées dans
l'aire de compétence territoriale de la Communauté (Région de langue française
et Région de Bruxelles), mais exerçant leur activité en dehors de leur propre
Région. La Cour a partiellement annulé le décret (C.A., arrêt du 3 octobre 1996,
n° 54, point A.3.3.2.).

(59) F. DELPÉRÉE, « Nouveaux itinéraires constitutionnels », *Nouveaux itinéraires en droit. Hommage à François Rigaux*, Bruxelles, Bruylant, 1993, p. 157.

assister à une représentation dans un théâtre qui dépend de la Communauté flamande et envoyer leurs enfants dans une école de langue française (60). Ce type de solution a été adopté par le Constituant belge pour éviter la création de deux sous-nationalités. Si les deux Communautés avaient eu une compétence directe sur les personnes, celles-ci auraient été contraintes de « déclarer leur propre appartenance » pour pouvoir utiliser un service ou bénéficier d'une prestation, et il y aurait donc eu la naissance de deux citoyennetés distinctes. De ce point de vue, le régime linguistique de Bruxelles peut être considéré comme une exception au principe territorial puisque la résidence sur le territoire n'a pas comme conséquence immédiate l'appartenance communautaire mais, en même temps, il confirme les valeurs qui ont déterminé, pour les Régions unilingues, le choix territorial. Ces valeurs peuvent être résumées dans la volonté de ne pas faire dépendre l'appartenance communautaire de critères objectifs comme la langue parlée, les origines familiales ou même ethniques (qui auraient partagé la population en deux sous-nationalités) et de la lier à un critère neutre comme celui du territoire. D'ailleurs, même un critère d'apparence plus démocratique comme celui du choix individuel, aurait contraint les citoyens à choisir, une fois pour toutes, une des deux Communautés, ce qui, pour beaucoup de personnes n'ayant le sentiment d'appartenir exclusivement ni à la culture flamande ni à la culture francophone (61), aurait constitué un choix difficile (62).

---

(60) Sur Bruxelles nous signalons, en plus des ouvrages citées dans le prochain chapitre, les essais de H. HASQUIN et de M. UYTTENDAELE dans l'ouvrage de J. KOTEK (éd.), *L'Europe et ses villes frontières*, éd. Complexe, 1996 ; M. MONNIER, « Le statut de Bruxelles », *Revue de droit public*, 1994, n° 4, pp. 1037 et s. ; CENTRE DE RECHERCHE INTERDISCIPLINAIRE CONCERNANT LA SITUATION LINGUISTIQUE DE BRUXELLES, *Le bilinguisme en Belgique. Le cas de Bruxelles*, Editions de l'Université de Bruxelles, 1984.

(61) C'est le cas de nombreux habitants de Bruxelles, mais pas uniquement.

(62) Il faut cependant noter que, dans certains points de la législation linguistique, il est possible de trouver des dispositions qui contraignent l'individu à un

L'absence, à Bruxelles, de liens directs entre la Communauté et la population et le fait que les deux Communautés cohabitent principalement sur le territoire de Bruxelles rendent donc les éléments personnels du système belge relativement faibles et sans comparaison avec les éléments des autres systèmes personnels, qu'ils soient contemporains, comme au Liban, ou appartiennent au passé, comme en Hongrie ou en Estonie (63).

5. – LE PRINCIPE DU DOUBLE UNILINGUISME

Un autre principe fondamental du régime linguistique belge est celui du double unilinguisme, selon lequel, dans

---

choix ou qui déduisent son appartenance communautaire de facteurs objectifs. L'art. 43 des lois coordonnées sur l'emploi des langues en matière administrative, par exemple, requiert que l'examen pour l'accès à la fonction publique se déroule dans la langue du diplôme du candidat. Cette disposition a été voulue soit par les Flamands, qui voulaient éviter que des candidats de langue néerlandaise n'optassent pour le rôle linguistique français, plus prestigieux, soit par les Francophones, pour lesquels il était essentiel d'empêcher les Flamands d'occuper des postes dans leur rôle linguistique. En réalité, le § 4 de l'art. 43 permet au candidat de prouver, par un examen *ad hoc*, sa connaissance de la langue autre que celle de son diplôme, mais rares sont les personnes qui peuvent recourir à cette disposition : elles doivent en effet être parfaitement bilingues. Par contre, la loi ne prévoit pas la possibilité de passer d'un rôle linguistique à l'autre. Dans un tout autre secteur, l'art. 17 de la Loi spéciale du 12 janvier 1989 prévoit que le candidat qui se présente aux élections comme conseiller régional de Bruxelles déclare son appartenance à un groupe linguistique. Cette déclaration est définitive et ne pourra pas être modifiée à l'occasion d'un scrutin ultérieur. Rappelons, enfin, la législation linguistique en matière d'enseignement dans les communes à statut spécial : l'accès à l'école de la minorité est subordonné à la vérification de l'appartenance communautaire qui est effectuée en recourant à des méthodes objectives : déclaration linguistique et inspection (voir chapitre suivant).

(63) Sur les caractéristiques des modèles personnel et territorial, v. K. McRae, « The Principle of Territoriality and the Principle of Personality in Multilingual States », *Linguistics*, 1975, pp. 33 et s. ; S. Pierre-Caps, « Le principe de l'autonomie personnelle et l'aménagement constitutionnel du pluralisme national. L'exemple hongrois », *Revue du droit public et de la science politique*, 1994, pp. 401 et s. ; Id., « Karl Renner et l'Etat multinational. Contribution juridique à la solution d'imbroglios politiques contemporains », *Droit et Société*, 1994, pp. 421 et s. ; N. Nasri Messara, « Principe de territorialité et principe de personnalité en fédéralisme comparé », *Fédéralisme et Décentration. Problèmes constitutionnels de la décentralisation territoriale dans les Etat fédéraux et centraux*, Fribourg, Editions Universitaires Fribourg, 1987.

les Régions unilingues, une seule langue peut être employée (bien entendu, dans les domaines où la règlementation de l'emploi des langues est permise). Ce principe est affirmé dans la Constitution (art. 4 et 129), dans divers articles des lois coordonnées de 1966 (art. 10, 11, 12, 13, etc.) et dans l'art. 4 de la loi du 30 juillet 1963 sur le régime linguistique de l'enseignement. De leur côté, les Communautés ont réaffirmé ce principe dans leurs décrets sur l'emploi des langues en matière sociale (64), mais aussi, de manière implicite, dans tous les autres secteurs dans lesquels elles ont compétence : elles n'ont en effet pas modifié la législation de l'Etat en matière administrative et scolaire, qui prévoit précisément l'unilinguisme en Flandre et en Wallonie, et qui reste en vigueur sur le territoire des Communautés jusqu'à une éventuelle intervention de ces institutions.

On peut donc affirmer que le principe du (double) unilinguisme est partagé autant par les Flamands que par les Francophones.

L'actuel régime de double unilinguisme est en effet le résultat de la modification progressive, par le biais de procédures décisionnelles qui ont impliqué les deux communautés, de la législation des années '20, afin de l'adapter aux intérêts et aux préoccupations des deux composantes de la population.

Dans le régime linguistique de la Belgique unitaire des années '20 coexistaient des éléments de bilinguisme (administration centrale dans les rapports avec le public, connaissances linguistiques des fonctionnaires des administrations centrales) et des éléments d'unilinguisme (administrations locales dans les services intérieurs et dans les rapports avec le public). Le système aurait pu

---

(64) Décret flamand du 19 juillet 1973, art. 2 et Décret de la Communauté française du 30 juin 1982, art. 2.

évoluer vers un bilinguisme généralisé, qui aurait permis de respecter, comme le demandaient les Flamands, le principe d'égalité, mais l'ensemble du monde francophone s'opposa vivement à cette solution. En effet, les Francophones s'étaient non seulement très souvent désintéressés de l'apprentissage du flamand, considéré comme un dialecte un peu rustre, mais ils se sentaient également menacés par tout scénario qui aurait envisagé l'obligation de connaître les deux langues : lorsqu'une telle condition était posée pour accéder à un emploi public, les Francophones étaient défavorisés par rapport aux Flamands, qui parlaient très souvent correctement le français. Au moment de son approbation, les Francophones combattirent donc la loi du 31 juillet 1921 qui, tout en laissant aux agents des administrations centrales de l'Etat, de la province du Brabant et des communes de Bruxelles la liberté de présenter le concours d'admission dans la langue de leur choix, exigeait cependant la connaissance élémentaire, et dans quelques cas approfondie, de l'autre langue. En 1932, les Francophones parvinrent à imposer la suppression de cette norme, accentuant ainsi l'unilinguisme déjà présent dans le système (65). L'opposition des Wallons au bilinguisme dérivait aussi de la crainte d'une possible « flamandisation » de leur Région. En effet, dans les années '20, eut lieu un important mouvement d'immigration flamande vers le sud, mouvement encouragé par la présence d'importantes activités industrielles dans les provinces de Liège et du Hainaut. Les Wallons craignaient que la diffusion du bilinguisme ne fît obstacle au processus d'assimilation

---

(65) Sur le compromis linguistique de 1932 et sur son importance dans l'évolution de la législation linguistique v. S.K. SONNTAG, « Competition and Compromise Amongst Elites in Belgian Language Politics », *Plurilingua*, 1991 ; P. DELFOSSE, « Les institutions publiques belges au cœur du conflit linguistique dans l'entre-deux-guerres ou le nationalisme flamand en quête d'identité politique », *Res publica*, 1997, n° 3.

qui avait jusqu'alors accompagné l'immigration. De leur côté, les Flamands estimaient que le bilinguisme n'aurait été que partiellement utile à leur cause parce qu'il empêchait l'émergence d'une élite intellectuelle flamande. C'est précisément pour atteindre cet objectif qu'ils luttèrent dès le début du siècle pour la « flamandisation » de l'Université de Gand et qu'ils réussirent à obtenir d'abord sa scission en deux sections linguistiques distinctes et, finalement, en 1930, l'abolition totale des cours en français. La suite des évènements confirmera le refus du bilinguisme par les Francophones et les Flamands, et le régime linguistique deviendra, comme nous l'avons vu, celui d'un unilinguisme double et rigide.

Ce bref survol historique démontre que, malgré les désaccords provoqués par les divergences dans l'interprétation des normes et dans les attentes concernant l'action de ces dernières sur la société, les lignes fondamentales du régime linguistique actuel résultent d'un accord entre les deux communautés (66). Cet accord fut sanctionné par la Constitution (art. 4 et 129), qui peut être considérée comme un authentique pacte fondant la coexistence des deux communautés.

L'existence d'un texte constitutionnel partagé renforce l'efficacité de la gestion juridique des conflits linguistiques et légitime le rôle de la Cour d'arbitrage : pour résoudre les controverses linguistiques, celle-ci applique des normes constitutionnelles acceptées (même si c'est avec des réserves) et élaborées par les deux parties.

---

(66) Dumeni Columberg, chargé par le Conseil de l'Europe d'élaborer un rapport sur la situation des Francophones dans la périphérie bruxelloise, recommande au gouvernement belge une renégociation du compromis linguistique, afin de vérifier si les paramètres qui ont conduit à l'introduction du principe de territorialité en 1932 et à la fixation de la frontière linguistique en 1962-1963 n'ont pas changé. Selon Columberg la coexistence pacifique des différents groupes linguistiques belges pourrait tirer avantage de l'introduction graduelle du bilinguisme.

6. – LA COUR D'ARBITRAGE
ET L'ÉQUILIBRAGE ENTRE LES ARTICLES 4 ET 30
DE LA CONSTITUTION

Si les deux communautés se trouvent d'accord sur la préférence pour le régime de double unilinguisme, on ne peut pas en dire autant des « dimensions » de l'unilinguisme, c'est-à-dire, l'ampleur des matières soumises à réglementation.

Les Francophones en ont une vision restreinte : pour eux, le principe de l'unilinguisme signifie uniquement que personne ne peut être obligé de connaître les deux langues. Pour les Flamands, par contre, le même principe autorise une intervention du législateur aussi incisive que possible.

Cette différence dérive de l'interprétation du concept d'unilinguisme : pour les Francophones, unilinguisme signifie surtout *liberté* par rapport à l'obligation de comprendre l'autre langue, alors que pour les Flamands ce concept implique le pouvoir reconnu aux autorités politiques d'*interdir* l'emploi d'une langue différente de celle de la Région.

Une particularité de la Constitution belge est que, comme nous l'avons dit dans l'introduction, elle offre une base juridique pour les deux conceptions. En effet, en affirmant que l'emploi des langues est facultatif et qu'il ne peut être réglé que par les actes de l'autorité publique et pour les affaires judiciaires, l'art. 30 semble donner un caractère général au principe de la liberté linguistique et fait apparaître les occasions d'intervention législative comme des exceptions à la règle générale de la liberté. L'article 129, au contraire, prévoit l'intervention du législateur communautaire dans les matières administratives, dans l'enseignement et dans les relations sociales entre le personnel et les employeurs, c'est-à-dire même dans des secteurs non prévus par l'article 30.

Pour les Flamands, l'art. 4 de la Constitution (sur lequel se base l'art. 129), qui établit l'homogénéité linguistique des Régions, permet non seulement d'interpréter de façon extensive l'art. 129, mais il autorise les législateurs communautaires à imposer l'emploi de la langue de la Région même dans des domaines non prévus par la Constitution.

La division de l'Etat en Régions linguistiques, prévue par cet article, viserait en effet à protéger non seulement les individus, mais également la langue de la Région : « ... les prescriptions qui régissent l'emploi des langues ne tendent pas seulement à assurer aux personnes... la facilité résultant pour eux de l'emploi de leur propre langue. La législation linguistique tend, dans une égale mesure, au-delà des intérêts particuliers des individus, à protéger chaque langue nationale comme une valeur en soi, en lui assurant... la place qui lui revient » (67). Selon cette interprétation, en instituant les Régions linguistiques, le Constituant aurait non seulement voulu enregistrer une donnée ethnographique, mais aussi affirmer un concept juridique : celui de la prééminence de la langue de la Région. Le français et le néerlandais seraient donc respectivement les langues officielles des Régions. En donnant cette signification à l'art. 4, les Chambres de langue néerlandaise du Conseil d'Etat (68) ont estimé qu'une

---

(67) C.E., 28 septembre 1966, n° 11.976, Coens.

(68) La structure du Conseil d'Etat, comme celle de la Cour d'arbitrage, respecte le dualisme de la société belge : le premier est composé par des Chambres d'expression française et des Chambres d'expression néerlandaise, alors que la deuxième est formée par 6 juges francophones et 6 néerlandophones. Mais la Cour représente un corps unique puisque les juges, qui proviennent des deux communautés, forment un collège unique. Une telle composition favorise la recherche d'un compromis et assure l'unicité de la jurisprudence (qui est essentielle au niveau constitutionnel). Au Conseil d'Etat, par contre, les Chambres sont compétentes pour les différends nés dans les Régions linguistiques correspondantes. Cette structure bicéphale ne favorise pas le compromis et accentue les divergences de position. La jurisprudence des diverses Chambres s'est, en effet, progressivement différenciée, mettant ainsi en évidence les conceptions différentes du droit dans le chef des deux communautés et accentuant les tensions communautaires, surtout par les arrêts en matière d'emploi des langues (R. LALLERMAND et G. SOUMERYN-SCHMIDT, « Les arrêts linguistiques du Conseil d'Etat. Un exemple

série d'obligations pour les individus et les institutions dériverait de cette disposition, *automatiquement et sans que des interventions ultérieures du législateur ne soient nécessaires*. Sur cette base, les Chambres néerlandophones ont développé, de 1972 à 1986, une jurisprudence qui entendait également imposer l'usage du néerlandais dans les secteurs où n'existait aucun règlement législatif. Dans un arrêt de 1973 (69), par exemple, le Conseil d'Etat a annulé l'élection de plusieurs conseillers d'une commune (à statut spécial) située dans la Région de langue néerlandaise parce qu'ils avaient prêté serment en français (70).

Pour les Francophones, l'interprétation du Conseil ne trouvait pas de confirmation dans les travaux préparatoires (71) ; de plus, selon eux, c'était seulement par des exceptions explicites qu'on pouvait déroger au principe de liberté dans l'emploi des langues, sanctionné par l'art. 30 (72).

Dans les arrêts de 1986, la Cour d'arbitrage, tout en considérant comme contraignantes les dispositions relatives aux limites territoriales de validité des décrets, a nié que ces dernières fussent des sources directes d'obligations. L'art. 4 est, pour la Cour, la base juridique de

extraordinaire de 'juge-législateur' », *Journal des Tribunaux*, 20.12.1986, n° 5402).

(69) C.E., 17 septembre 1973, n° 15.990, *Germis*.

(70) Cette jurisprudence a été confirmée par des prononcés successifs : arrêt du 6 avril 1982 (Verheyden) ; arrêt du 8 novembre 1983 ; avis du Conseil d'Etat sur le projet de loi *Galle* (v. la seconde thèse) ; arrêt du 30 septembre 1986, n° 26.943 et n° 26.944. Sur ces deux derniers arrêts v. J.-Cl. Scholsem, « Conseil d'Etat et Cour d'arbitrage : Dissonances », *Annales de Droit de Liège*, 1987, n° 1, pp. 17-36. C'est seulement en 1988 qu'on a réussi à résoudre la crise communautaire que de tels arrêts avaient provoquée : le Parlement a approuvé le « pacte communautaire », sur base duquel on présume les connaissances linguistiques des titulaires d'une charge publique. La connaissance linguistique peut être contestée seulement dans le cas de mandats qui n'ont pas été attribués à la suite d'une élection directe (bourgmestres).

(71) Sur ce point, v. P. De Stexhe, *La révision de la Constitution belge 1968-1971*, Bruxelles, Larcier, 1972, pp. 44 et s.

(72) R. Lallermand et G. Soumeryn-Schmidt, « Les arrêts linguistiques du Conseil d'Etat », *op. cit.*, p. 723.

l'art. 129, qui reconnaît aux Communautés la compétence de régler l'emploi des langues dans les relations sociales, et non pas la source directe des obligations des entreprises et des travailleurs (73). La conception territoriale des Communautés qu'a élaborée la Cour dans les arrêts n° 9 et 10 du 30.1.1986 ne s'est donc pas traduite dans une vision oppressive de la législation linguistique ni dans l'affirmation – que soutient en revanche le Conseil d'Etat – de la primauté du principe de défense de la langue sur celui des droits individuels.

La Cour a, d'une part, reconnu le principe de territorialité, soutenu par les Flamands, mais, d'un autre côté, elle a promu une conception modérée de l'unilinguisme, selon la thèse majoritairement francophone. En équilibrant l'art. 4 (et par conséquent l'art. 129, qui se base sur celui-ci) avec l'art. 30, elle a pu réaliser un équilibre entre le droit collectif à la protection d'« une » langue faible et le droit individuel à employer « la » langue de son choix. Le compromis inscrit dans la Constitution a, de la sorte, été sans aucun doute consolidé.

Le même procédé d'équilibrage a été suivi par la Cour dans la définition des matières pour lesquelles la Constitution autorise la réglementation de l'emploi des langues. En effet, en l'absence d'accord entre les parties, la Constitution utilise quelquefois des termes généraux pour indiquer ces matières, comme dans le cas des « relations sociales entre employeurs et personnel ». La caractérisation de l'aire de compétence du législateur devient par conséquent problématique. La Cour est alors intervenue pour reconstruire les concepts à la lumière de l'équilibre des valeurs contenues aux art. 4 et 30, comme on le dira plus en détail au second chapitre.

Ces dernières considérations corroborent tout ce qui a été dit précédemment à propos de la fonction de média-

_____
(73) C.A., 26 mars 1986, n° 17.

tion exercée par la Cour d'arbitrage. Celle-ci s'est faite le
porte-parole d'une conception de l'Etat communautaire
qui, si elle ne coïncide ni avec la conception francophone,
ni avec celle des Flamands, apparaît aux deux parties
comme un compromis acceptable. Elle a placé la Constitution au centre du système et a tiré de ses silences élo-
quents de précieux éléments pour la construction d'un
pacte entre les deux communautés. Ce pacte, bien qu'il
ne garantisse pas une coexistence durable dans le futur,
est néanmoins suffisant pour maintenir le contentieux
communautaire dans les limites du droit.

La Cour s'est affirmée, grâce à sa composition et à sa
jurisprudence, comme un organe impartial et a donc
réussi à se construire une autorité qui lui permet d'ac-
complir, dans un climat d'approbation générale, son
propre contrôle sur la conformité des différentes législations linguistiques par rapport aux principes constitutionnels et donc « communs ». On ne peut en dire autant,
comme nous le verrons, de la Cour Suprême du Canada.

Dans le chapitre suivant, nous passerons de l'examen
des principes constitutionnels, qui ont permis de clarifier
dans ce premier paragraphe les caractéristiques du
régime linguistique et la répartition des compétences en
matière linguistique entre les différents législateurs, à
celui de la législation ordinaire. Nous ne prendrons pas
en considération tous les secteurs où il existe une législation linguistique, mais uniquement ceux où les Communautés peuvent intervenir : les matières administratives,
l'enseignement et les relations sociales. C'est dans ces
domaines que les oppositions entre la conception flamande et celle des Francophones sont les plus manifestes
et que la problématique des langues influence la physionomie du fédéralisme belge. C'est également dans ces
domaines que la Cour d'arbitrage a joué un rôle bien précis dans le dessein du régime linguistique. Au niveau central, par contre, ces oppositions ont été atténuées par des

compromis qui sont à l'origine de la législation nationale, comme pour l'emploi des langues dans les matières judiciaires ou dans les organes constitutionnels (74).

---

(74) Pour l'analyse de la législation linguistique nationale, v. G. CLOSSET-MARCHAL, « Considérations sur l'emploi des langues devant les juridictions civiles, commerciales et du travail du premier degré », *Annales du droit de Louvain*, 1989, pp. 173 et s. ; P. DOMS, « L'emploi des langues dans les Chambres législatives en Belgique », *Res Publica*, 1965, n° 7, pp. 126-140.

CHAPITRE II

LE CONTENU
DE LA LÉGISLATION LINGUISTIQUE

1. – LES MATIÈRES ADMINISTRATIVES

1.1. – *La compétence matérielle du législateur*

La réglementation de l'emploi des langues en matière administrative a pris progressivement plus d'ampleur, non seulement en raison des modifications constitutionnelles qui ont attribué au législateur une plus grande marge d'intervention, mais également à cause de la large interprétation donnée à certains concepts, comme ceux d'acte ou d'autorité publique.

Avant 1970, comme nous l'avons indiqué, l'emploi des langues ne pouvait être réglé que pour les « actes des autorités publiques » et les « affaires judiciaires » (art. 30 de la Const.). D'après les intentions du Constituant de 1830-1831, l'expression « actes » des autorités publiques devait être interprétée de façon restreinte et faire donc référence aux résultats de l'action politique et administrative, tels que les lois, les règlements, les communications et les avis (75). Avec le temps, par contre, la notion d'« acte » s'est élargie et a fini par comprendre les procédures d'élaboration des actes, les modalités d'organisation des services administratifs ou des assemblées politiques, ainsi que les conditions de recrutement des personnes qui sont chargées, dans les services publics, des tâches de direction et de gestion.

---

(75) Loi du 31 mai 1961 sur l'emploi des langues en matière législative.

De nombreux auteurs francophones soulignent l'incohérence de cette interprétation, car elle supprime la différence que le Constituant a voulu établir dans l'art. 30 entre la réglementation des autorités publiques, qui devrait être limitée aux « actes », et celle des matières judiciaires pour lesquelles, en revanche, semblable restriction ne ressort pas du texte constitutionnel (76).

La conception d'« autorité publique » s'est également élargie. A l'origine, elle ne désignait que les services publics centralisés et décentralisés de l'Etat, des provinces et des communes, en plus des autorités législatives. Par la suite, comme on peut le lire dans les lois coordonnées sur l'emploi des langues en matière administrative du 18 juillet 1966, les autorités scolaires (tant de l'école publique que de l'école subventionnée ou reconnue par l'Etat), les services administratifs du pouvoir judiciaire, du Conseil d'Etat et de la Cour des comptes et même les entreprises industrielles, commerciales ou financières privées furent considérées comme des autorités publiques (lois coord., art. 1, § 1) (77). Pour les Francophones, cette interprétation élargie est inacceptable dans le domaine des libertés publiques, où les exceptions au principe général de liberté doivent toujours être interprétées de façon restrictive (78).

En 1970, avec l'introduction de l'art. 129, les « matières administratives » prenaient la place des « actes des autorités publiques » (79). Comme le fait remarquer la Cour d'arbitrage, la notion de « matières administratives » est plus restreinte que celle d'« actes des autorités publiques », qui fait également référence aux autorités

---

(76) E. CEREXHE et X. DELGRANGE, « Les connaissances linguistiques des mandataires communaux », *Journal des Tribunaux*, 1989, p. 334.

(77) F. DELPÉRÉE, *Droit constitutionnel, op. cit.*, p. 231.

(78) E. CEREXHE et X. DELGRANGE, *Ibidem*.

(79) Elles furent confiées au législateur communautaire compétent dans les Régions linguistiques respectives et au législateur national dans la Région de Bruxelles-capitale et dans les communes « à facilités ».

non administratives. Mais, d'un autre côté, elle est plus large dans la mesure où elle renvoie aussi aux relations entre les citoyens et l'administration (80).

La modification constitutionnelle entraîne aussi, selon la Cour, un élargissement des sujets soumis aux obligations linguistiques : il ne s'agit plus seulement des autorités prévues à l'art. 1 des lois coordonnées de 1966 (services publics de l'Etat, des provinces et des communes, personnes physiques et morales concessionnaires d'un service public, personnel administratif du Conseil d'Etat et de la Cour des comptes), mais également des titulaires d'un mandat auprès d'un organisme qui adopte des actes administratifs, comme les conseillers communaux, les assesseurs et les bourgmestres des communes à statut spécial (81).

1.2. – Le double unilinguisme dans l'administration

L'emploi des langues en matière administrative était réglé, avant 1970, par les lois coordonnées de 1966 (82). L'art. 129 a reconnu de nouvelles compétences au législateur communautaire, mais ce dernier n'est intervenu que de façon marginale dans la réglementation des lan-

---

(80) C.A., 26 mars 1986, n° 17.

(81) C.A. 26 mars 1986, n° 17, point 3.B.4.c. Cette jurisprudence a permis au législateur national d'adopter une loi (loi du 9 août 1988, qui traduit en dispositions législatives l'accord de pacification linguistique de 1988) réglant l'emploi des langues dans les communes à statut spécial pour les titulaires d'un mandat public. La nouvelle loi résout une vieille controverse communautaire. Elle modifie l'art. 68*bis* de la loi électorale communale en prévoyant que les conseillers communaux, les assesseurs et les bourgmestres des communes à statut spécial soient obligés de connaître la langue de la Région dans laquelle est située la commune. Cette connaissance est de toute façon présumée, même si elle n'est irréfragable que pour les titulaires d'un mandat public élus directement par la population. Les autres, c'est-à-dire essentiellement les bourgmestres, peuvent être appelés à fournir la preuve de leur connaissance de la langue.

(82) Lois coordonnées sur l'emploi des langue en matière administrative, publiées au *Moniteur belge* du 2 août 1966.

56   CONSTITUTION ET RÉGIME LINGUISTIQUE

gues dans les matières administratives (83). Les lois coordonnées de 1966 restent donc la source la plus importante dans le domaine. Aussi procéderons-nous à l'examen détaillé des dispositions que celles-ci contiennent.

L'art. 2 affirme que le pays comprend quatre régions
linguistiques : la Région de langue néerlandaise, celle de
langue française, celle de langue allemande et celle de
Bruxelles-capitale (84). Cet article a sanctionné le principe d'homogénéité linguistique, qui a donc été inséré
dans la législation linguistique avant d'être reconnu au
niveau constitutionnel : l'institution des trois Régions
unilingues (85) et de la Région bilingue de Bruxelles-
capitale a été voulue par le législateur ordinaire et confirmée dans la suite par le Constituant. Mais si, jusqu'en
1970, on pouvait considérer l'homogénéité linguistique
comme inconstitutionnelle parce que contraire à l'art. 30
sur la liberté linguistique, depuis que l'art. 4 a été inséré,
le régime de double unilinguisme (tempéré par le bilinguisme de la Région de Bruxelles-capitale) a valeur
constitutionnelle et il est donc indubitablement l'expression de la volonté conjointe des communautés qui composent le pays.

Voyons à présent comment les lois coordonnées de
1966 règlent l'emploi des langues dans les services locaux
de l'administration nationale. Sur base de l'art. 10, les
services locaux établis dans la Région de langue française

(83) V. décret de la Communauté française « réglant l'emploi des langues par
les mandataires publics dans la Région de langue française... » du 17 juillet 1987 ;
décret du Conseil flamand « complétant les articles 12 et 33 des lois sur l'emploi
des langues en matière administrative... » du 30 juin 1981 (à ce propos v. les
observations faites dans les pages suivantes). Le décret de la Communauté française du 26 juin 1984, « assurant la protection de l'emploi de la langue française
de la part des titulaires de mandats publics d'expression française » a été annulé
par la Cour d'arbitrage.
(84) L'art. 3 indique les provinces qui composent chaque Région linguistique.
(85) La définition de la Région de langue allemande comme Région unilingue
risque d'être imprécise. En effet, toutes les communes de cette Région bénéficient
d'un régime linguistique spécial en raison de la présence de fortes minorités francophones.

ou dans la Région de langue flamande utilisent exclusivement la langue de la Région dans les services intérieurs,
dans leurs rapports avec les services dont ils relèvent,
comme dans les relations avec les autres services de la
même Région linguistique et de la Région de Bruxellescapitale. Les services locaux rédigent également exclusivement dans la langue de la Région tous les avis, communications et formulaires destinés au public (art. 11),
comme les actes qui concernent les citoyens (art. 13) et
tous les certificats, déclarations et autorisations qu'ils
délivrent aux particuliers. De plus, chaque service local
répond dans la langue de la Région aux requêtes des
citoyens, mais il a la faculté de répondre aux usagers
provenant d'une autre Région dans leur langue (art. 12).
Les mêmes principes valent pour les services régionaux
de l'administration centrale (art. 33).

Ces dispositions développent le concept de Région linguistique énoncé dans l'art. 2 (une Région linguistique
est une Région dans laquelle l'administration utilise
exclusivement la langue, ou « les langues » dans le cas de
Bruxelles, de la Région) et « quantifient » la portée de
l'unilinguisme.

Les lois coordonnées de 1966 ne parlent cependant pas
de la langue que les citoyens doivent employer quand ils
communiquent avec un service public. En l'absence de
toute disposition en la matière (86), on peut penser que
le législateur n'a pas voulu limiter la liberté individuelle
d'employer la langue de son choix, prévue par l'art. 30.
Selon la législation fédérale, le citoyen peut donc s'expri-

(86) Il est vrai que l'expression « matières administratives » inclut, comme l'a
souligné la Cour dans l'arrêt 26 mars 1986 n° 17, les rapports de l'administration
avec le citoyen, mais ceci ne signifie pas que les Communautés puissent restreindre les libertés individuelles en obligeant les particuliers à se servir d'une langue plutôt que d'une autre. Elles doivent se limiter à prescrire la langue que l'administration doit employer quand elle entre en contact avec le public, car toute
restriction d'une liberté individuelle doit être explicitement prévue par la Constitution.

mer dans une langue différente de celle de la Région, mais en recevant une réponse dans l'autre langue.

En pratique, les choses se passent différemment. Pour que la liberté linguistique puisse s'exercer dans les contacts avec les services publics, il est en effet nécessaire que ces derniers soient en mesure de comprendre l'interlocuteur. Dans la Région wallonne, les fonctionnaires connaissent rarement le néerlandais. Dans la Région flamande, où la connaissance du français est relativement répandue, tout dépendait, jusqu'en 1981, de la bonne volonté de l'employé ou du fonctionnaire, car ceux-ci n'étaient nullement obligés de connaître, même passivement, l'autre langue (87). Avec le décret du 30 juin 1981 (88), le législateur flamand a introduit l'obligation pour les particuliers et pour les entreprises de s'exprimer en néerlandais. Il a ainsi modifié, dans l'aire de sa compétence, les art. 12 et 33 des lois coordonnées de 1966. Les rapports entre l'administration et les citoyens n'ont pas changé de façon substantielle (89), mais la tension intercommunautaire a augmenté, car les Francophones ont estimé le décret inconstitutionnel (90).

Les dispositions des lois coordonnées qui concernent les services centraux de l'administration nationale confirment le choix du législateur en faveur d'un double unilinguisme : dans les relations avec les services régionaux et locaux des Régions de langue française, néerlandaise ou

(87) Selon certains auteurs, le citoyen garderait, même dans les situations d'unilinguisme, le droit à s'exprimer dans sa langue, ce qui obligerait les fonctionnaires, ou l'Administration dans son ensemble, à avoir une connaissance passive de l'autre langue.

(88) Publié au *Moniteur belge* du 10 novembre 1981.

(89) A l'exception, peut-être, du fait que les employés sont maintenant obligés de ne pas répondre, même pas en néerlandais, à un citoyen qui s'exprime en français, alors qu'auparavant ils n'étaient pas obligés de répondre. Si, par contre, on accepte l'opinion que le citoyen garde le droit de s'exprimer dans sa langue, on doit conclure que l'administration a l'obligation de répondre à un particulier qui s'exprime dans une des langues officielles, même si elle le fait dans la langue de la Région.

(90) F. DELPÉRÉE, *Droit constitutionnel, op. cit.*, p. 422.

allemande, ces derniers utilisent la langue de la
Région (91).

Un régime de bilinguisme, et dans quelques cas de tri-
linguisme, est pourtant appliqué dans les rapports de services centraux avec les citoyens : les avis, communications et formulaires mis à la disposition du public sont
rédigés en français et en néerlandais (art. 40), tandis que
les services centraux utilisent, dans les relations avec les
particuliers, une des trois langues (français, néerlandais
ou allemand) dont le citoyen fait usage (art. 41). Les services centraux répondent cependant dans la langue de la
Région aux entreprises privées établies dans les communes qui ne jouissent pas d'un statut linguistique spécial et qui sont situées dans une commune de la Région
de langue française ou de la Région de langue néerlandaise. Une des trois langues demandées par l'usager est
également utilisée pour les actes, les certificats, les déclarations et les autorisations.

Nous retrouvons également un régime de bilinguisme
dans la Région de Bruxelles-capitale, où la langue utilisée est celle dans laquelle s'exprime l'usager (français ou
néerlandais) (art. 19). Les actes qui concernent les
citoyens, comme les certificats, les déclarations et les
autorisations, sont délivrés dans la langue demandée
(toujours s'il s'agit du français ou du néerlandais)
(art. 20). Les avis, communications et formulaires mis à
la disposition du public sont rédigés en français et en
néerlandais (art. 18). Dans les services intérieurs, dans
les relations avec le service auquel ils appartiennent et

(91) L'art. 43bis des lois coordonnées de 1966, introduit par la loi ordinaire
des réformes institutionnelles du 9 août 1980, étend aux administrations centrales
des Communautés et des Régions la partie de la législation linguistique applicable
aux services centraux de l'administration nationale et confirme au paragraphe 5
que la langue administrative de la Communauté française et de la Région wallonne est le français, alors que celle de la Communauté flamande est le néerlandais. Les dispositions des lois coordonnées de 1966 relatives aux services centraux
qui prévoient le multilinguisme dans les rapports avec les particuliers ne s'appliquent, par contre, qu'à la Région de Bruxelles-capitale.

avec les autres services de Bruxelles-capitale, les services
locaux et régionaux établis à Bruxelles, la langue à utiliser est déterminée au cas par cas, selon les critères indi-
qués par l'art. 17.

On n'a donc pas, en Belgique, dans le secteur de l'administration tout comme dans les autres domaines « linguistiquement sensibles », l'opposition entre la politique
linguistique de l'Etat central et celle des Provinces que
nous trouvons au Canada, où ce désaccord menace l'existence même de la Fédération. En Belgique, le Constituant fédéral et les législateurs communautaires partagent, sous de nombreux aspects, la même vision de la
question linguistique. Dans l'administration, par
exemple, le principe d'unilinguisme est suivi tant par les
Communautés que par l'administration centrale (avec les
exceptions qu'on a vues). Certes, il y a des différences
entre la conception flamande et celle des Francophones,
mais les deux parties sont néanmoins tombées d'accord
sur l'instauration d'un double unilinguisme (92). Ce déno-
minateur commun peut sembler très mince, mais, si on
l'examine dans une perspective comparée, il apparaît,
par contre, comme une base assez solide pour permettre
la coexistence des deux Communautés à l'intérieur du
même Etat.

1.3. – *Les rôles linguistiques*

Les art. 15, 38 et 43 des lois coordonnées concernent le
statut linguistique du personnel de l'administration de
l'Etat. Ces dispositions établissent que la nomination ou
la promotion à une fonction ou un emploi dans les services locaux et régionaux de l'administration nationale
situés dans une Région linguistique requièrent la
connaissance de la langue de la Région. L'examen de
recrutement se déroule dans cette langue et seul peut y

---

(92) Sur les origines historiques de ce compromis, voir le chapitre I.

accéder le candidat qui prouve, en produisant des certificats et diplômes, qu'il a effectué ses études dans la langue de la Région (93). En l'absence de tels documents, le candidat devra réussir un examen linguistique (94).

Les services centraux de l'administration de l'Etat sont divisés en directions, divisions, bureaux et sections français et néerlandais (art. 43). Les employés sont répartis en deux cadres linguistiques : français et néerlandais. Pour les fonctions correspondant ou supérieures à celle de directeur, on a également prévu un cadre bilingue, composé de fonctionnaires des rôles (95) français et néerlandais, en nombre égal, qui ont fourni la preuve de leur connaissance de l'autre langue (96). Selon le paragraphe 3 de l'art. 43, le Roi détermine pour chaque service central le nombre d'emplois à attribuer au cadre français et au cadre néerlandais, en tenant compte de l'importance des relations entretenues par chaque service avec la Région de langue française et celle de langue néerlandaise.

La répartition du personnel en cadres linguistiques unilingues, l'inscription dans un rôle linguistique sur la base objective de la langue du diplôme, l'impossibilité de passer d'un rôle à l'autre et la limitation des obligations linguistiques aux fonctionnaires de niveau supérieur sont autant d'éléments qui confirment la définition du régime belge comme « doublement unilingue ». Si, d'un côté, cette expression se réfère à la séparation du territoire en

---

(93) Pour des observations complémentaires sur les examens d'admission dans la fonction publique, voir le chapitre I.

(94) L'art. 43*bis* des lois coordonnées rend ces dispositions applicables au personnel des Régions et des Communautés.

(95) Les notions de rôle et de cadre sont différentes : « Alors que le rôle est l'affection linguistique de l'agent, le cadre est l'affection linguistique de l'emploi ». (M. HENRARD, *L'emploi des langues dans l'administration et dans les entreprises privées*, Heule, Les éditions administratives UGA, 1963, p. 61).

(96) De nombreux Francophones souhaiteraient supprimer le cadre bilingue, car les postes attribués au rôle francophone sont, en réalité, souvent occupés par des Flamands bilingues inscrits à ce rôle ; v. C. WILWERTH, *Le statut linguistique de la fonction publique belge*, Bruxelles, Ed. de l'Université de Bruxelles, 1980.

deux Régions unilingues, de l'autre, elle reflète les modalités de coexistence des deux groupes au sein de l'administration centrale : ils se côtoient, mais chacun garde son identité linguistique.

En Belgique, le bilinguisme de l'administration est obtenu par la présence de deux cadres et de deux rôles. Au Canada, par contre, le gouvernement central a essayé de favoriser le bilinguisme de l'administration par le biais du bilinguisme des fonctionnaires. Le système belge a mis les deux langues en position de parité et il a réussi à défendre efficacement la langue la plus faible : les dossiers sont traités en néerlandais ou en français suivant la compétence du bureau. Au Canada, par contre, le fait que les fonctionnaires soient bilingues n'empêche pas que la langue utilisée à l'intérieur de l'administration soit la plus forte, c'est-à-dire l'anglais.

Mais le double unilinguisme présente aussi des désavantages : la collaboration entre Francophones et Néerlandophones est de plus en plus difficile, car certains fonctionnaires n'ont même plus une connaissance passive de l'autre langue. L'anglais devient alors la langue de communication qui permet le fonctionnement de l'administration belge !

2. – L'ENSEIGNEMENT (97)

Un autre secteur dans lequel l'usage de la langue peut être réglé est celui de l'enseignement. L'objet de la législation n'est pas le contenu des programmes scolaires ou des cours de langues, mais l'emploi des langues dans l'or-

(97) En plus de la bibliographie citée au cours du paragraphe, v. E. SHERMAN SWING, « The politicolinguistics of education in Belgium », *Word*, 1981, vol. 32, pp. 213 et s. ; ID., *Bilingualism and linguistic segregation in the schools of Brussels*, Québec, International Center for Research on Bilingualism, 1980 ; ID., « Education for Separatism : The Belgian Experience » *Issues in International Bilingual Education : The Role of The Vernacular*, New York-London, Plenum Press, pp. 265-290, 1982.

ganisation et le fonctionnement des institutions scolaires. La loi du 30 juillet 1963 (98), qui règle toute la matière, indique donc la langue dans laquelle les cours doivent être donnés et les diplômes rédigés. Ses dispositions s'appliquent à tous les établissements officiels d'enseignement gardien, primaire, moyen, normal, technique, artistique ou spécial et aux mêmes établissements libres, subventionnés ou reconnus par l'Etat (art. 1). Comme pour les matières administratives, l'emploi des langues dans l'enseignement est réglé par une loi nationale, qui reste en vigueur dans les Régions unilingues jusqu'à l'intervention des législateurs communautaires.

Le régime linguistique de l'enseignement, comme celui de l'administration, est basé sur la division du territoire en Régions linguistiques. La langue d'enseignement est donc le français dans la Région de langue française, le néerlandais dans la Région de langue néerlandaise, l'allemand dans la Région de langue allemande, le français ou le néerlandais, selon le choix du chef de famille, dans la Région de Bruxelles-capitale (art. 4).

Dans les Régions unilingues française et néerlandaise, l'enseignement est organisé uniquement dans la langue de la Région, à l'exception des communes à statut spécial dont nous parlerons par la suite. A Bruxelles, jusqu'en 1971, l'enfant devait être inscrit dans une école de sa langue maternelle, ce que vérifiaient les inspecteurs linguistiques. Par la suite, avec la loi du 26 juillet 1971, on est passé au critère du choix du chef de famille. Ceci rend le régime linguistique de l'enseignement à Bruxelles particulièrement libéral, puisque les parents peuvent choisir la langue de scolarité de leurs enfants sans devoir procéder à une déclaration linguistique. Le législateur a cependant voulu réserver cette possibilité aux seuls résidents afin de ne pas modifier exagérément (en permettant aux néer-

---

(98) Publiée au *Moniteur belge* du 22 août 1963.

landophones résidant en Flandre d'envoyer leurs enfants dans une école francophone de Bruxelles) le rapport démographique entre les deux langues nationales.

Enfin, les communes périphériques (99), les communes de la frontière linguistique, toutes les communes de la Région de langue allemande et les communes « malmédiennes », sont dotées d'un régime linguistique spécial : l'enseignement est organisé dans la langue de la Région, mais on peut instituer un enseignement gardien et primaire dans une autre langue nationale, si un minimum de seize parents résidant dans la même commune en font la demande.

Bien qu'un régime spécial en faveur des minorités ait été prévu dans quelques communes, on peut affirmer que, dans le domaine de l'enseignement tout comme dans celui de l'administration, le principe de territorialité prévaut sur celui du libre choix de la langue (100).

Plusieurs parents francophones se sont adressés à la Cour européenne des droits de l'homme pour savoir si la législation linguistique en matière d'enseignement, fondée sur le critère territorial et non sur le libre choix des parents, était compatible avec la Convention pour la sauvegarde des droits de l'homme et des libertés fondamentales et son Protocole additionnel. La Cour a déclaré (101) que l'art. 14 du Protocole n'avait pas pour effet de « garantir aux enfants ou à leurs parents le droit à une instruction dispensée dans la langue de leur choix » et que, par conséquent, la Belgique, en optant pour le critère territorial, n'avait violé ni la Convention, ni le

---

(99) Il s'agit des communes de la périphérie de Bruxelles qui se trouvent en Région flamande, mais sont habitées par d'importantes minorités de langue française.

(100) V. MINISTÈRE DE L'ÉDUCATION NATIONALE, Le régime linguistique de l'enseignement, Vade-mecum, Droit scolaire, n° 3, 1988 ; M. UYTTENDAELE, Le paradoxe de la protection des minorités dans la Belgique en voie de fédéralisation, cit.

(101) Cour européenne des droits de l'homme, arrêt du 23 juillet 1968. Sur cet arrêt v. J. LEPAFFE, « L'arrêt de Strasbourg du 23 juillet 1968 », Journal des Tribunaux, 1969, pp. 381 et s.

Protocole. D'autres aspects secondaires du régime linguistique de l'enseignement furent critiqués par la Cour, comme nous le verrons, mais celle-ci confirma la validité des principes sur lesquels il se base.

Selon la loi de 1963, les parents qui habitent une Région unilingue et qui voudraient que leurs enfants suivent un enseignement dans une langue différente de celle de la Région peuvent les inscrire dans une école située dans une Région linguistique autre que celle de résidence, mais uniquement si la langue maternelle de l'enfant n'est pas celle de la Région de résidence. L'objectif du législateur est toujours d'empêcher les parents de langue néerlandaise qui résident dans la Région de langue néerlandaise d'inscrire leurs enfants dans des écoles de langue française et de faire ainsi obstacle à une francisation de la population, phénomène important à l'époque de l'élaboration de la législation linguistique.

Dans deux cas la liberté de choix des parents résidant dans une Région unilingue se trouve donc limitée : 1) quand les parents parlent la langue de la Région où ils résident et qu'ils voudraient que leurs enfants suivent les cours dans l'autre langue nationale, leur liberté de choix est inexistante car l'enfant devra nécessairement être inscrit dans une école de la Région linguistique à laquelle il appartient ; 2) quand les parents parlent une langue différente de celle de la Région où ils résident et qu'ils voudraient inscrire leurs enfants dans une école où les cours se donnent dans cette langue, ils peuvent les inscrire dans une institution située dans une autre Région linguistique, mais les difficultés logistiques rendent souvent théorique le droit qui leur est reconnu.

Ces difficultés sont aggravées par l'interdiction d'inscrire des enfants non résidents dans les écoles situées dans des communes soumises à un régime linguistique spécial. A l'évidence, le législateur a voulu réserver les mesures de protection exclusivement aux minorités linguistiques situées dans les communes en question. Cet aspect de la législation linguistique belge a été critiqué par la Cour européenne des droits de l'homme, qui en a souligné l'incompatibilité avec l'art. 2 du Protocole, combiné à l'art. 14 de la Convention européenne pour les droits de l'homme. En effet, d'après la Cour, l'art. 7, § 3 de la loi de 1963, qui interdit l'accès à l'enseignement en français organisé dans les communes périphériques de Bruxelles aux non-résidents, introduit une discrimination basée sur la langue (102).

Le droit reconnu aux parents qui parlent une langue différente de celle de la Région où ils résident, d'envoyer leurs enfants dans une école d'une autre Région est, à l'évidence, une mesure destinée à protéger les minorités linguistiques (103). On a voulu empêcher que la politique de défense de la langue régionale ne pèse de façon excessive sur les droits individuels. Cependant, pour éviter qu'une telle mesure de protection des minorités ne mette en danger l'efficacité de la politique d'unilinguisme, le législateur a prévu des instruments pour vérifier la langue maternelle de l'enfant : le chef de famille, au moment où il inscrit son enfant dans une école située dans une Région linguistique différente de celle de sa résidence, doit signer une « déclaration linguistique » relative à la langue maternelle de l'enfant. La véracité de cette déclaration est contrôlée par les inspecteurs linguistiques ; un appel contre leur décision auprès du « Jury en matière d'inspection linguistique » est prévu et la décision du Jury peut aussi faire l'objet d'un recours en annulation devant le Conseil d'Etat.

Les minorités protégées par la législation linguistique sont uniquement celles qui appartiennent à une des communautés nationales ou qui parlent une des langues

---

(102) Arrêt du 23 juillet 1968, cit.
(103) Il s'agit peut-être de la seule mesure de protection des minorités linguistques qui ne soit pas basée sur le territoire.

nationales : les étrangers et les immigrés qui n'ont pas comme langue maternelle une des langues nationales sont obligés de suivre leurs études dans la langue de la Région où ils résident (104).

Enfin, il est très important de noter qu'il n'est pas prévu que l'élève puisse changer de régime linguistique durant son parcours scolaire : une fois les études commencées dans une langue, il n'est plus possible de modifier celle-ci, même si l'élève est bilingue (105).

On ne peut conclure la description du régime linguistique sans évoquer l'enseignement de la seconde langue. Dans les écoles primaires, cet enseignement n'est obligatoire qu'à Bruxelles et dans les communes à statut spécial (dans les communes de la périphérie de Bruxelles, les écoles néerlandaises ne sont cependant pas tenues d'organiser des cours de français). Dans les Régions unilingues, ce cours « peut » être organisé à partir de la cinquième année d'études, avec un maximum de trois heures par semaine. Modifiant la loi fédérale, la Communauté française a, en outre, décidé que la seconde langue dans la Région de langue française pouvait être le néerlandais, l'allemand ou l'anglais. Par contre, dans la Région de langue néerlandaise, la seconde langue est uniquement le français. En ce qui concerne la seconde langue dans l'enseignement secondaire, la loi de 1963 s'occupe seulement des établissements scolaires situés à Bruxelles et prescrit que, si une seconde langue figure au programme, celle-ci doit être le français ou le néerlandais. Nous en déduisons qu'il n'existe pas d'obligation générale d'organiser un enseignement de la seconde langue dans les établissements secondaires et que même si les autorités chargées de l'organisation scolaire décidaient d'introduire cet enseignement, elles pourraient tout aussi bien choisir une langue étrangère.

---

(104) C.E., 7 août 1969, n° 13.680, *Kouvas*.
(105) C.E., 4 août 1970, n° 14.239, *Vermeire*.

Le régime linguistique de l'enseignement présente des caractéristiques semblables à celui de l'administration : à l'unilinguisme du Nord correspond celui du Sud. Bruxelles et les communes à facilités sont les seuls points de rencontre entre les deux langues. Dans le domaine de l'enseignement, l'unilinguisme est particulièrement rigide en raison des limitations imposées à l'«émigration scolaire» et de l'obligation des « déclarations linguistiques ». L'impossibilité de changer de langue pendant les études, ainsi que la faible attention portée à l'enseignement de la deuxième langue creusent davantage le fossé linguistique.

3. – LES RELATIONS SOCIALES (106)

L'emploi des langues dans le monde du travail a depuis toujours été l'objet de vives polémiques en Belgique. Selon l'orientation libérale propre aux Francophones, toute forme de coercition en ce domaine est à rejeter dans la mesure où elle touche à la vie privée du citoyen, protégée par l'art. 30 de la Constitution. Les Flamands ont, par contre, toujours soutenu que pour affranchir et promouvoir la population flamande, il était essentiel de favoriser l'emploi de la langue néerlandaise dans l'économie et de protéger les travailleurs contre les difficultés provoquées par la nécessité de s'exprimer sur le lieu de travail dans une langue autre que leur langue maternelle. En 1932 (107), ils parvinrent à obtenir que les entreprises concessionnaires d'un service public fussent soumises à la législation linguistique. Avec les lois

---

(106) En plus de la bibliographie citée au cours du paragraphe, v. sur l'emploi des langues dans ce secteur : J. EECKOUT, « La langue de l'entreprise », *Journal des Tribunaux*, 1964, n° 79, pp. 4-5 ; ID., « Les langues des entreprises », *Journal des Tribunaux*, 1973a, n° 88, pp. 483-484 ; M. HENRARD, « Après les arrêts de la Cour d'arbitrage du 30 janvier 1986. Quelle(s) langue(s) dans l'entreprise ? », *Orientations*, mars 1986, pp. 69 et s.

(107) Loi du 28 juin 1932 sur la réglementation de l'emploi des langues dans les matières administratives.

coordonnées sur l'emploi des langues en matière administrative de 1966, les entreprises privées furent, elles aussi,
soumises à la législation linguistique, mais uniquement
s'il s'agissait d'entreprises commerciales, industrielles et
financières, et seulement pour la rédaction des documents (prescrits par la loi ou adressés au personnel)
(art. 52). A l'occasion de la révision constitutionnelle de
1970, les Flamands s'employèrent à étendre une nouvelle
fois le champ d'application de la législation linguistique
dans le monde du travail et obtinrent que toutes les
entreprises – et non plus seulement les entreprises commerciales, industrielles et financières – fussent soumises à
la législation linguistique (art. 129).

La recherche d'un compromis sur la « nature » des obligations linguistiques dans le monde du travail fut difficile. L'incompatibilité des positions flamande et francophone, mais aussi la nécessité politique de réaliser la
réforme menèrent à une formulation ambigüe du texte
constitutionnel : l'art. 129 se borne à reconnaître aux
Communautés la compétence de régler l'emploi des langues dans les « relations sociales entre les employeurs et
leur personnel », mais la signification de l'expression n'est
pas explicitée par la Constitution et les travaux préparatoires, qui s'occupent surtout de spécifier les documents
des entreprises à soumettre à la législation linguistique,
ne sont pas non plus d'une grande aide. Seule la Commission du Sénat a précisé que « les relations sociales entre
les employeurs et leur personnel est une notion au sens
large et qui pourra toujours être adaptée aux nécessités
de l'évolution des relations sociales » (108). L'absence
d'accord clair sur la définition des relations sociales est
encore plus grave si l'on considère que l'art. 129 était
destiné à être interprété et exécuté non par le législateur
national, mais par les législateurs communautaires. Le
caractère général de l'énoncé aurait pu conduire à ce que

---

(108) *Rapport de Stexhe, Doc. parl.*, Sénat, session 1969-1970, n° 390, p. 11.

les deux Communautés déterminent, de façon autonome
et non coordonnée, les contenus de la législation linguistique, au détriment du principe d'égalité entre les
citoyens. Le risque était de mettre en péril le consensus
qui avait toujours accompagné l'élaboration de la législation linguistique en Belgique, même s'il n'avait pas été
spontané et avait toujours été atteint après de difficiles
négociations. La rédaction de l'art. 129 en des termes
généraux a donc permis d'obtenir la majorité des deux
tiers qu'un texte plus précis n'aurait pu assurer, mais elle
a créé les prémisses de futurs problèmes communautaires : « Du côté français, on comptait sur une interprétation restrictive, fondée sur les travaux préparatoires.
Du côté flamand, on savait que le texte permettrait de
soutenir d'autres interprétations » (109).

Avec le décret du 19 juillet 1973 sur l'emploi des langues en matière de relations sociales, connu sous le nom
de « décret de septembre » en raison de la date de sa
publication au *Moniteur belge*, trois ans seulement après
l'élaboration de l'art. 129, la Communauté flamande a
montré qu'elle voulait exploiter toutes les possibilités
offertes par l'incertain compromis de 1970.

Tout d'abord, le décret s'occupait de définir les « relations sociales ». D'après l'art. 3, celles-ci comprenaient
« les contacts individuels et collectifs, tant verbaux qu'é-
crits entre employeurs et travailleurs, qui ont avec l'emploi un rapport direct ou indirect ». L'art. 4 ajoutait que
les relations sociales comportaient aussi, entre autres,
« toutes les relations entre employeurs et travailleurs qui
se déroulent au niveau de l'entreprise sous forme
d'ordres, de communications, de publications, ... (§ 1) »,
« les relations qui se déroulent au niveau de l'entreprise
au sein du conseil d'entreprise, du comité de sécurité...
ou entre l'employeur et la délégation syndicale ... (§ 2) »

---

(109) P. MAROY, « Des lois et des décrets sur l'emploi des langues dans les
entreprises », *Journal des Tribunaux*, 1978, p. 293.

et, enfin, « toutes les relations entre les employeurs et les institutions de droit public ou privé qui trouvent leurs origines dans les rapports du travail (§ 3) ».

Dans plusieurs arrêts de 1986, la Cour d'arbitrage s'est exprimée sur la constitutionnalité de l'interprétation flamande des « relations sociales ». Elle a avant tout confirmé la compétence du législateur communautaire pour réglementer l'emploi des langues dans ce secteur, en reconnaissant, comme nous l'avons vu au chapitre I, que l'art. 129 a ajouté une exception au principe de liberté d'emploi des langues reconnu par l'art. 30 (110). La Cour a ensuite confirmé que les « relations sociales » pouvaient également comprendre les contacts verbaux qui avaient un lien direct ou indirect avec les rapports de travail (art. 3 du décret de septembre), mais elle a exclu que les relations sociales puissent également inclure les rapports entre les employeurs et les institutions de droit public ou privé (art. 4, § 3) (111). En effet, selon la Cour, on doit entendre par « relations sociales » les seuls rapports entre les employeurs et leur personnel. En ramenant à deux les composantes de la relation sociale, la Cour a promu une interprétation restrictive de l'expression en question.

Dans sa jurisprudence à propos des critères de localisation des rapports de travail, la Cour nous a donné d'autres éléments utiles pour reconstruire les « dimensions » des relations sociales. En recourant au critère du siège d'exploitation, la Cour confirme sa conception restrictive. Ce critère implique, en effet, la présence simultanée en un même lieu des deux parties du rapport de travail et il exclut donc que le législateur communautaire puisse règlementer toutes les situations où seule une des deux parties est située dans la Région linguistique sur laquelle il exerce sa compétence (112). Les relations dans

---

(110) C.A., 30 janvier 1986, n° 10, point 9.B.
(111) C.A., 30 janvier 1986, n° 10, point 10.B.1.
(112) C.A., 18 novembre 1986, n° 29, point 3.B.4.

lesquelles le travailleur, employé par une entreprise dont le siège social est dans la Région flamande (ou wallonne), effectue ses prestations dans un établissement situé dans la Région wallonne (ou flamande) ou dans celle de Bruxelles, échappent donc à la norme du décret et retombent dans celle de la loi. En limitant la règlementation de l'emploi des langues aux rapports entre employeurs et employés qui impliquent la présence physique des deux parties, le recours au critère du siège d'exploitation permet de rejeter l'interprétation des deux législateurs communautaires qui prétendaient régler l'ensemble de la relation de travail.

L'intention du législateur communautaire flamand d'étendre le plus possible le domaine d'application matérielle de ses normes linguistiques en exploitant au maximum l'imprécision du dispositif constitutionnel ressort également de la définition qu'il a donnée aux deux parties du rapport de travail. En effet, l'art. 1, 1° du décret de septembre assimile aux travailleurs les personnes qui fournissent des prestations de travail sans être soumises à aucun lien d'autorité. Comme le fait remarquer Maroy (113), un professeur employé par un industriel américain résidant en Région flamande pour instruire ses enfants tomberait également sous l'application du décret. De plus, selon l'art. 1, 2°, le décret s'applique aussi aux « employeurs » et non, comme auparavant avec les lois de 1966, aux « entreprises ». Ceci permet d'étendre la norme linguistique à tous les cas où l'employeur n'est pas le patron d'une entreprise (professions libérales) ainsi qu'aux situations où l'employeur n'exerce pas la moindre activité professionnelle. En outre, jusqu'au prononcé de la Cour d'arbitrage n° 10, du 30 janvier 1986, le décret de septembre prévoyait que les actes comptables, en plus

---

(113) P. Maroy, « Des lois et des décrets sur l'emploi des langues », op. cit., p. 290.

de tous les actes prescrits par la loi et ceux destinés au personnel, soient rédigés en néerlandais.

Il faut enfin souligner que le décret de septembre est applicable non seulement aux employeurs et aux entreprises, mais aussi aux travailleurs (art. 1, 1°), qui sont donc tenus d'utiliser la langue de la Région. En fait, l'art. 129 ne prévoit pas expressément semblable obligation mais, en se référant aux « relations » sociales, qui présupposent deux interlocuteurs, il n'en interdit pas l'introduction. D'après les lois coordonnées de 1966 sur les langues en matière administrative, par contre, les seuls sujets à être liés par les dispositions linguistiques étaient les entreprises, qui devaient communiquer dans la langue de la Région avec le personnel, ce dernier restant libre de s'exprimer dans la langue de son choix.

Les Francophones ont vivement combattu l'interprétation flamande de l'art. 129 de la Constitution, attaquant à plusieurs reprises le décret devant la Cour d'arbitrage. Ils ont vu dans la législation linguistique flamande une atteinte à la « paix constitutionnelle » si difficilement établie en 1970. De nombreux auteurs francophones admettent que la reconnaissance, en 1970, de l'autonomie culturelle aux Communautés autorise le législateur flamand à poursuivre sa propre politique culturelle et que l'homogénéité linguistique n'est donc pas en soi un objectif inconstitutionnel ; cependant, ils jugent nécessaire le respect des « limites juridiques » de l'autonomie culturelle qui, à leur avis (114), est indispensable pour la vie en commun.

Nous avons vu que la Cour d'arbitrage était intervenue pour imposer certaines limites, mais elle n'a pas donné satisfaction à toutes les attentes des Francophones. Elle devait, en effet, vérifier la conformité des lois et des décrets par rapport à un texte constitutionnel

---

(114) P. MAROY, *op. cit.*, p. 289.

qui résultait d'un accord atteint par les deux communautés. Comment reprocher à la Cour de ne pas avoir donné une interprétation suffisamment restrictive à l'expression « relations sociales » quand le matériel nécessaire pour en déterminer la signification ne se trouvait même pas dans les travaux préparatoires ?

La Communauté française a ensuite cherché à répondre à l'initiative flamande par un décret sur la liberté de l'emploi des langues et de l'usage de la langue française en matière de relations sociales (115). Ce décret, approuvé en 1982, tendait à imposer, « sans préjudice de l'usage complémentaire de la langue choisie par les parties », l'emploi du français aux personnes physiques et morales ayant leur siège social, leur siège d'exploitation ou leur domicile dans la Région de langue française, et aux personnes physiques et morales qui emploient des travailleurs de langue française. Le décret, qui, comme on l'a dit, a été partiellement annulé par la Cour d'arbitrage pour excès de compétence territoriale (116), est l'expression de la politique linguistique francophone qui, d'un côté, entendait défendre le français dans la Région de langue flamande en contestant la compétence exclusive du législateur flamand et, de l'autre, imposait l'unilinguisme dans la Région de langue française en prescrivant à l'art. 2 que la langue à utiliser dans les relations sociales fût le français. Notons, au passage, que le décret de la Communauté française ne définit d'aucune façon les relations sociales.

En 1993, les Chambres constituantes ont eu l'occasion de revenir sur l'art. 129 pour le rendre plus explicite ou pour arriver à un nouveau compromis sur la politique linguistique, mais aucun changement ne fut apporté.

---

(115) Décret de la Communauté française du 30 juin 1982 « relatif à la protection de la liberté de l'emploi des langues et de l'usage de la langue française en matière de relations sociales entre les employeurs et leur personnel ».
(116) C.A., 30 janvier 1986, n° 9.

Plus tard, les Flamands ont à nouveau profité de la marge de manœuvre que leur garantissait une telle situation pour élargir, par un décret de 1994 (117), le contenu des relations sociales entre travailleur et employeur, en y incluant les « offres de travail et les relations précontractuelles entre les parties ». Aussitôt attaqué par trois institutions francophones, le décret a été soumis à l'examen de la Cour d'arbitrage, qui a, encore une fois, dû intervenir en se substituant au législateur constituant. En recourant aux argumentations déjà utilisées précédemment, selon lesquelles la relation sociale présuppose la présence et donc l'existence des deux éléments du rapport de travail, la Cour a refusé d'inclure les offres de travail dans les relations sociales, dans la mesure où celles-ci sont adressées à un nombre indéterminé de personnes et doivent donc être considérées comme des annonces unilatérales. Par contre, les relations précontractuelles font partie, selon la Cour, des relations sociales. Il n'est pas nécessaire que soit conclu un contrat : employeur et travailleur établissent une relation (sociale) à partir du moment où ils manifestent un intérêt réciproque pour une future collaboration. Une fois encore, le contenu des relations sociales a été étendu suite à l'initiative du législateur flamand. Les Francophones, en estimant que les exceptions au principe de liberté dans l'emploi des langues, sanctionné par l'art. 30 de la Constitution, devaient être de stricte interprétation, s'attendaient à ce que la Cour proposât une interprétation plus restrictive de l'expression « relations sociales ». Nous pouvons donc conclure ce paragraphe en observant qu'il n'y a pas d'accord sur les « dimensions » de l'unilinguisme dans l'emploi des langues dans le monde du travail, c'est-à-dire sur l'étendue des matières à soumettre à la règlementation et à soustraire au régime de liberté linguistique. La Cour a essayé de formuler un

---

(117) Décret flamand du 1er juin 1994.

compromis, mais la tension communautaire demeure très vive. Sa légitimité comme arbitre n'est toutefois pas mise en cause et sa jurisprudence, bien que vivement critiquée par les Francophones (118), a été acceptée de part et d'autre.

Malgré l'insatisfaction des Francophones, la Cour d'arbitrage a, même à cette occasion, essayé de formuler un compromis. En effet, en donnant sa définition des « relations sociales », elle a réalisé le même type d'équilibrage que celui décrit à propos des arrêts qui ont clarifié la signification de l'art. 4 de la Constitution. Si, d'un côté, la Cour a admis que la liberté dans l'emploi des langues a été limitée dans le secteur par l'art. 129, d'un autre, en ramenant à deux les composantes des « relations sociales » et en affirmant qu'elles doivent être toutes les deux présentes pour qu'il en résulte des obligations linguistiques, elle a opté pour une interprétation restrictive de cette expression.

4. – LE SYSTÈME DE PROTECTION DES MINORITÉS LINGUISTIQUES

Né pour rééquilibrer les rapports entre les deux composantes du pays, dont chacune à l'intérieur de l'Etat unitaire souffrait, pour des motifs différents, d'un complexe de « mise en minorité », le fédéralisme belge a su transformer un « régime de minorité » en un « régime d'égalité » (119). L'égalité a été atteinte grâce à l'attribution à chaque communauté du contrôle d'un territoire

---

(118) C.A., 9 novembre 1995, n° 72. Sur le décret flamand de 1994 et sur l'arrêt de la Cour de 1995 v. C. HOREVOETS, « L'emploi des langues en matière sociale : un problème ancien, une solution classique », *Revue belge de droit constitutionnel*, 1996, n° 2, pp. 186 et s.

(119) K. McRAE, « The Principle of Territoriality... », *op. cit*, pp. 42-43 ; R. TONIATTI définit la Belgique comme un Etat multinational paritaire où « chaque communauté est une minorité nationale et où aucune d'entre elles n'a la majorité », « Minoranze e minoranze protette, modelli costituzionali comparati », in *Cittadinanza e diritti nelle società multiculturali*, Bologna, Il Mulino, 1994.

bien défini et à la mise en place de mécanismes institutionnels au niveau central qui permettent de réduire les disparités causées par la supériorité numérique de la communauté flamande.

La concentration de la population des deux principaux groupes linguistiques dans des zones géographiques différentes et relativement bien délimitées a rendu possible la solution territoriale. Mais, comme il est à peu près impossible de fixer la frontière linguistique de manière à séparer parfaitement les diverses communautés qui constituent l'Etat multinational (120), de nouvelles minorités se sont constituées. Il est, en effet, inévitable que des groupes d'individus plus ou moins importants qui appartiennent à une communauté linguistique donnée se trouvent, suite à la répartition territoriale, sur le territoire d'une autre communauté.

La politique adoptée à l'égard de ces groupes constitue donc un aspect fondamental du régime linguistique, qui ne peut être décrit de manière adéquate en se référant exclusivement aux concepts de personnalité et de territorialité. Ces deux termes donnent des indications très générales sur la configuration du système mais, si l'on veut évaluer son incidence sur les libertés individuelles, il faut vérifier si, là où a été adopté le principe de personnalité, l'individu est obligé d'effectuer une déclaration d'appartenance communautaire et, le cas échéant, quels sont les critères employés pour cette déclaration d'appartenance. Par contre, dans le cas du choix du principe de territorialité, ce qui détermine le degré de liberté individuelle, c'est précisément l'attitude adoptée à l'égard des

---

(120) Néanmoins, quelques erreurs auraient pu être évitées si la fixation de la frontière linguistique avait été réalisée en suivant plus attentivement la volonté de la population. Sur les critères qui guidèrent l'opération, v. J. STENGERS, *La formation de la frontière linguistique en Belgique ou de la légitimité de l'hypothèse historique*, Bruxelles, Latomus, 1959.

minorités (121). La ligne politique la plus drastique est évidemment celle qui prétend contraindre la population à se déplacer pour réaliser l'homogénéité linguistique, comme cela s'est passé dans l'ex-Yougoslavie et comme l'a récemment proposé le Président de la République slovaque pour résoudre le problème des minorités hongroises. Il y a ensuite le refus de reconnaître l'existence même des minorités, avec l'obligation qui s'ensuit pour la population allophone de s'assimiler (Suisse). En progressant vers des solutions plus libérales, nous trouvons les cas où un régime spécial est appliqué à des fractions du territoire abritant des groupes minoritaires plus importants du point de vue numérique ou considérées comme plus significatives pour d'autres raisons (par exemple, les capitales des Etats fédéraux). Soulignons que les minorités sont, dans ce cas, protégées par la reconnaissance d'un statut spécial à l'entité territoriale (commune, province, région...etc.) dont ils font partie. Ce dernier régime est relativement rigide, car il ne tient pas compte des flux migratoires et des autres facteurs qui peuvent influencer l'évolution démographique : le statut spécial est accordé une fois pour toutes à quelques communes. Enfin, nous avons les régimes linguistiques terri-

---

(121) Parmi les très nombreuses publications sur les minorités, notamment linguistiques, nous signalons : N. ROULAND, S. PIERRE-CAPS, J. POUMAREDE, *Droit des minorités et des peuples autochtones*, PUF ; N. LEVRAT, « La protection des minorités dans les systèmes fédéraux », *Revue trimestrielle des droits de l'homme*, 1997, n° 30 ; H. KLEBES, « Introduction à la Convention-cadre du Conseil de l'Europe pour la protection des minorités nationales », *Revue universelle des droits de l'homme*, 1995, n° 4-6 ; J.-C. SCHOLSEM, « Faut-il protéger les minorités ? Quelques remarques introductives », *Présence du droit public et droits de l'homme. Mélanges offerts à Jacques Velu*, vol. II, Bruxelles, Bruylant, 1992. Pour la différence entre les conceptions « communautaristes » et libérales de la protection des minorités voir W. KIMLICKA, *Multicultural citizenship : a liberal theory of minority Rights*, Oxford University Press, 1995 ; Ch. TAYLOR, « The Politics of Recognition », *Multiculturalism and The Politics of Recognition*, edited by Amy Gutmann, Princeton, Princeton University Press, 1993 ; G. HAARSCHER, « La protection des minorités et ses paradoxes », *Variation sur l'éthique. Hommage à Jacques Dabin*, Bruxelles, Publications des facultés Universitaires Saint-Louis, 1994. Pour un résumé comparé des politiques envers les minorités v. R. TONIATTI, *op. cit.*, pp. 292 et s. et A. PIZZORUSSO, « Libertà di lingua e diritti linguistici : una rassegna comparata », *Le Regioni*, 1987, n° 6.

toriaux qui accordent des droits aux minorités, quelle que soit leur localisation, quand elles atteignent une certaine importance numérique (c'est le cas de la politique linguistique adoptée par le gouvernement fédéral du Canada). La Belgique est passée de ce type de solution, adoptée dans les années '30 (122), à celle du territorialisme rigide (123), qui ne tient pas compte des variations intervenues dans la composition linguistique de la population et se limite à garantir une protection particulière à quelques communes, précisées à la suite d'un accord politique entre les deux principales communautés qui composent le pays (124).

(122) Dans le régime linguistique belge des années '30, les minorités avaient le droit d'exiger, quand leur importance numérique dépassait 20 %, sur base des résultats du recensement linguistique décennal, que l'administration communale utilisât les deux langues. En outre, les communes pouvaient se soustraire au régime linguistique imposé par la loi si le recensement avait montré que la majorité de la population parlait une langue différente de celle de la région. On admettait encore, à l'époque, que le territoire ne fût pas linguistiquement homogène.

(123) Sur le système belge de protection des minorités, voir Ph. DE BRUYKER, M. LEROY, J. SOHIER, P. VANDERNACHT et P. VANDERNOOT, « Mécanismes institutionnels et droits individuels dans la protection des minorités de la Belgique fédérale », Minorités et organisation de l'Etat, Textes présentés au Quatrième Colloque juridique international du Centre international de la common law en français (CICLEF), Bruxelles, Bruylant, 1998 ; P. VANDERNOOT, « La scission de la province du Brabant et la protection des minorités », Les réformes institutionnelles de 1993. Vers un fédéralisme achevé ?, Bruxelles, Bruylant, 1994 ; X. DELGRANGE, « Le fédéralisme belge : la protection des minorités linguistiques et idéologiques », cit. ; J.-C. SCHOLSEM, « Fédéralisme et protection des minorités en Belgique », cit. ; M. UYTTENDAELE, « Les paradoxes de la protection des minorités dans la Belgique en voie de fédéralisation », cit. ; C. DAUBIE, « Les techniques de protection des minorités », Annales de droit, 1972, n° 2-3 ; W.J. GANSHOF VAN DER MEERSCH, Rapport sur les principes juridiques, idéologiques et historiques relatifs aux droits linguistiques et culturels des minorités linguistiques (Rapport établi à la demande de la « Commission d'Enquête sur la situation de la langue française et sur les droits linguistiques au Québec »), 1971.

(124) Au début des années '60, on prit plusieurs mesures importantes pour empêcher la « francisation » de Bruxelles qui, selon les lois linguistiques de 1932, devait être une ville bilingue ; mais les Flamands continuaient à employer le français et envoyaient leurs enfants dans des écoles francophones. De plus, la ville s'étendait en direction des communes flamandes environnantes, qu'elle englobait et francisait. Pour combattre le premier phénomène, l'inspection linguistique fut rendue obligatoire, afin de vérifier si la langue maternelle de l'élève était réellement celle déclarée. Pour contrecarrer le second phénomène, on décida de fixer définitivement les limites de la ville sans y inclure les nouveaux quartiers qui étaient primitivement flamands. Les frontières furent délimitées sur base du recensement linguistique de 1947 qui, justement à cause de l'opposition flamande,

Ces communes ont été dotées d'un régime linguistique spécial et sont désignées par l'expression de « communes à facilités ». Il y a différentes catégories de communes à régime spécial : nous trouvons en premier lieu les communes de la périphérie de Bruxelles (125), qui, tout en faisant partie de la ville de Bruxelles d'un point de vue urbanistique et sociologique et en hébergeant d'importantes communautés francophones, se trouvent sur le

---

avait été rendu public avec 10 ans de retard : on en déduisait, en effet, une expansion de la langue française dans la périphérie de Bruxelles et dans les zones situées autour de la frontière linguistique. Les communes autour de la capitale furent donc regroupées en une circonscription distincte, à régime administratif flamand et, en raison de la composition particulière de la population (dans certaines communes, à majorité francophone), un régime de « facilités » fut institué pour les citoyens francophones. Au même moment, la situation fut aussi gelée dans les communes situées autour de la frontière linguistique, dont le régime linguistique ne pouvait plus s'adapter aux transformations démographiques provoquées par des phénomènes migratoires : les limites des Régions de langue française et de langue néerlandaise furent en effet définitivement fixées sur base du recensement linguistique de 1947. De plus, toujours sous les pressions flamandes, le gouvernement décida d'abolir à l'avenir le recensement linguistique. On abandonna ainsi un principe essentiel de la loi de 1932, selon lequel le régime linguistique était fixé sur base de la langue parlée par la majorité de la population. En outre, on chercha même à délimiter le territoire des régions en modifiant les circonscriptions administratives, de manière à respecter la frontière linguistique et à ainsi obtenir, autant que possible, l'homogénéité linguistique de la population. La protection des minorités fut par conséquent sensiblement réduite : seules des communes déterminées, indiquées par la loi, pouvaient à ce moment jouir d'un régime linguistique particulier (les communes de la périphérie de Bruxelles et celles de la frontière linguistique), alors qu'il était possible auparavant, comme nous l'avons vu, d'introduire le bilinguisme partout où une minorité égale à 20 % de la population était présente. Dans l'histoire de la « question communautaire », la création des régions linguistiques et la fixation de la frontière qui s'y rapportait furent des moments très importants, sans doute plus importants que les avancées ultérieures vers la régionalisation. En effet, les groupes linguistiques disposaient d'un nouveau facteur d'identification : le territoire. Dans les années suivantes, on assista d'abord à la constitutionnalisation des groupes, avec la création des Communautés et des Régions, puis au transfert progressif des compétences de l'Etat vers les nouvelles entités. Mais tous ces changements ont comme point de départ le moment où le groupe a été identifié comme une entité distincte de la somme de ses individus. La politique d'assimilation et d'homogénéisation linguistique des années '60 est en effet l'expression de la volonté de défendre la langue, entendue comme patrimoine culturel du groupe, alors que la législation des années '20 et '30 voulait assurer aux individus la jouissance effective de la liberté dans l'emploi des langues, sanctionnée par l'art. 30 de la Constitution.

(125) Wemmel, Kraainem, Wezembeek-Oppem, Rhode-Saint-Genèse, Linkebeek, Drogenbos.

territoire de la Région flamande (126). La seconde catégorie comprend les communes situées le long de la frontière linguistique (127) : celles-ci accueillent en général
une importante minorité linguistique, voire une majorité (128) appartenant à l'autre communauté. De plus,
toutes les communes de la Région de langue allemande
jouissent d'un régime spécial, dû à la présence d'un fort
pourcentage de population de langue française (129).
Enfin, nous avons les communes malmédiennes (130),
situées dans la Région de langue française et caractérisées par la présence de minorités germanophones. En raison de leurs particularités, ces communes bénéficient
d'un régime partiellement bilingue, notamment dans
l'enseignement et dans les rapports des particuliers avec
les administrations (131).

Jusqu'en 1988, le statut des communes à régime linguistique spécial était reconnu seulement par les lois
coordonnées sur l'emploi des langues en matière administrative de 1966 (législation ordinaire), mais celui-ci a
reçu par la suite une reconnaissance explicite dans la
Constitution (art. 129 de la Constitution, par. 2). Dans
une révision ultérieure du texte fondamental, une garan-

(126) Sur les communes périphériques v. J. DELFOSSE, *L'emploi des langues dans les assemblées communales. Le cas des communes périphériques*, Louvain-la-Neuve, CABAY, 1982 ; Ph. DE BRUYCKER, « La scission de la province du Brabant » et P. VANDERNOOT, « La scission de la province de Brabant et la protection des minorités », cit.

(127) Messines, Comines-Warneton, Mouscron, Espierres, Helchin, Renaix, Flobecq, Biévène, Enghien, Herstappe, Fouron.

(128) C'est le cas de la commune de Fouron. Sur la problématique relative à cette communauté v. P. UBAC (pseud.), *Génération Fourons*, Bruxelles, Pol-his, 1993.

(129) BERGMANS, *Le statut juridique de la langue allemande en Belgique*, Bruxelles, Bruylant, 1988.

(130) Malmédy et Waisme.

(131) Depuis quelque temps, le gouvernement flamand a décidé d'interpréter de façon restrictive les facilités. En particulier, la circulaire du ministre Peeters (BA-97/22 du 16 décembre 1997) oblige les Francophones des communes fla-mandes à statut spécial à introduire une demande écrite pour tout document administratif souhaité en français. Le Comité de concertation n'ayant pas réussi à résoudre le conflit d'intérêts provoqué par la circulaire, la Communauté fran-çaise a introduit un recours au Conseil d'Etat.

tie supplémentaire a été ajoutée : depuis 1993, toute loi qui voudrait modifier la délimitation territoriale du « régime des facilités », et donc les art. 7 et 8 des lois coordonnées de 1966, doit nécessairement être adoptée par une majorité spéciale (la majorité dans chaque groupe linguistique et dans les deux chambres fédérales, art. 129 de la Constitution) (132).

Comme l'observe Xavier Delgrange, « la nature de ces facilités est controversée. Pour les Francophones, il s'agit d'une exception au principe de territorialité, en vue de protéger les Francophones vivant sur le territoire flamand. Selon certains Flamands, il s'agit simplement de permettre aux Francophones installés sur le territoire flamand de s'adapter en leur accordant, durant une période transitoire, une dérogation à l'unilinguisme » (133).

Vu par un observateur étranger, comme l'est l'auteur de cet essai, le régime des facilités apparaît, du point de vue juridique, comme une confirmation du principe de territorialité, dans la mesure où la protection accordée aux minorités est, elle aussi, comme nous l'avons vu, basée sur des critères strictement territoriaux (communes). En un certain sens, le système de protection des minorités que nous venons de décrire peut être considéré comme une « limitation spatiale » du principe d'homogénéité linguistique, qui s'ajoute à la « limitation matérielle » découlant de l'équilibre des art. 129 et 30 de la Constitution. La limitation spatiale consiste à attribuer aux citoyens qui résident dans certaines communes, des droits individuels qui prévalent sur ceux de la communauté qui les hébergent. Les habitants des communes à facilités peuvent, en effet, choisir la langue dans laquelle,

---

(132) Dans la Constitution, l'expression « minorités linguistiques » n'apparaît pourtant jamais, alors que les minorités idéologiques et philosophiques y sont reconnues et explicitement protégées.

(133) X. DELGRANGE, op. cit., p. 1181.

par exemple, communiquer avec l'administration : ils disposent donc du droit individuel d'employer (ou de ne pas employer) leur langue. Dans les Régions unilingues, par contre, le droit collectif au développement de la culture et à la protection de la langue du groupe prévaut sur le choix individuel.

Il faut, en fait, préciser que la terminologie « droits individuels » et « droits collectifs » ne fait pas partie de la tradition juridique belge. Elle est, en revanche, typique de la tradition canadienne, comme nous le verrons plus loin. En Belgique, la politique d'unilinguisme des Communautés ne trouve pas son fondement juridique dans les droits attribués aux Flamands ou aux Francophones en tant que groupes, mais dans la compétence des deux Communautés sur leurs territoires respectifs. Le Constituant belge a préféré créer des entités fédérées à base géographique et leur attribuer la compétence dans le domaine de l'emploi des langues plutôt que reconnaître une personnalité juridique de droit public aux communautés de personnes. Le fédéralisme, qui a été précisément introduit pour répondre aux problèmes qui dérivent de l'hétérogénéité culturelle et linguistique de la nation, a permis à l'Etat belge d'éviter l'attribution de droits de nature collective aux composantes de sa population (134). On ne peut dire la même chose du Canada, où le fédéralisme est né pour des raisons qui ne dépendaient que partiellement de la composition multinationale de la colonie britannique. Le fédéralisme canadien n'a pas réussi à se présenter comme une solution alternative à l'attribution de droits collectifs aux minorités, soit parce que les répartitions territoriales ne correspondent pas au pluralisme ethnique (population autochtone), soit parce que les compétences attribuées aux provinces ne

---

(134) Sur l'alternative entre reconnaissance de droits collectifs aux minorités et création d'un Etat fédéral ou régional v. N. ROULAND, S. PIERRE-CAPS et J. POUMAREDE, *Droit des minorités et des peuples autochtones*, cit., pp. 291 et s.

leur permettent pas de réaliser une politique capable de protéger la spécificité de la population qu'elles hébergent (Québec). Aujourd'hui encore la reconnaissance des droits collectifs demeure donc la revendication principale des groupes qui veulent valoriser leur « diversité ».

Mais, pour en revenir à la Belgique, l'autonomie territoriale n'exclut pas la dimension collective. Au contraire, elle peut être considérée comme une forme de sublimation des droits collectifs : elle est la reconnaissance la plus élevée de la spécificité d'une communauté, qui se trouve dotée des pouvoirs législatifs nécessaires pour assurer sa survie et son développement sur le territoire. Le rapport entre le groupe linguistique et son espace géographique d'implantation devient alors à ce point absolu et exclusif qu'il rappelle celui qui existe entre l'Etat-nation et son territoire : un gouvernement, un peuple, un territoire ... et une langue. Par conséquent, le rapport avec les minorités revêt, dans les Etats multiculturels qui choisissent des solutions territoriales, une physionomie semblable à celle que nous trouvons dans les Etats « uni-nationaux », où celles-ci sont protégées non pas par l'attribution d'une personnalité morale de droit public (droits collectifs), mais par la reconnaissance de droits individuels aux citoyens qui font partie du groupe minoritaire, en d'autres termes, par la limitation des droits collectifs du groupe dominant (le droit collectif « à la langue » est limité par la concession d'un régime linguistique spécial à certaines communes).

On peut donc conclure que le système belge est sans aucun doute caractérisé par la prééminence des droits collectifs, mais dans un tel système, les minorités sont protégées par l'attribution de droits individuels. Comme dans les autres secteurs analysés, un équilibrage entre les droits collectifs et les droits individuels, a donc été tenté.

DEUXIÈME PARTIE

Le Canada

CHAPITRE PREMIER

LA RÉPARTITION
DES COMPÉTENCES ET LES PRINCIPES
EN MATIÈRE LINGUISTIQUE
DANS LA LOI CONSTITUTIONNELLE
DE 1867

1. – INTRODUCTION

Le Dominion du Canada est né en 1867 à l'initiative de trois colonies britanniques (Nouvelle-Ecosse, Nouveau-Brunswick, Canada Uni ; ce dernier se divisa, avec la formation de la Confédération, en deux Provinces : celle de l'Ontario et celle du Québec) (135). La nécessité de faire

---

(135) Pour l'histoire du Canada avant la naissance de la Confédération v. C. BROWN (sous la direction de), *Histoire générale du Canada*, Montréal, Boréal, 1988 ; plus synthétique, le travail de P.-A. LINTEAU, *Histoire du Canada*, Paris, P.U.F., Collection Que sais-je ?, 1994 ; A.I. SILVER et C. BERGER (sous la direction de), *An Introduction to Canadian History*, Toronto, Canadian Scholars' Press, 1991. Pour une lecture de l'histoire canadienne à la lumière des rapports entres les deux communautés linguistiques v. D. KARMIS et A.-G. GAGNON, « Fédéralisme et identités collectives au Canada et en Belgique : des itinéraires différents, une fragmentation similaire », *Revue canadienne de science politique*, 1996, n° 3, pp. 443 et s. ; J.-Y. MORIN et J. WOEHRLING, *Demain, le Québec. Choix politiques et constitutionnels d'un pays en devenir*, 1994 ; B. PELLETIER, « Les rapports de force entre les majorités et les minorités de langue officielle au Canada », *Revue de droit de l'Université de Sherbrooke*, 1994, n° 2 ; J. WOEHRLING, « La Constitution canadienne et l'évolution des rapports entre le Québec et le Canada anglais de 1867 à nos jours », *Revue française de Droit constitutionnel*, 10, 1992, p. 203. Pour l'histoire de la politique linguistique, également avant la naissance de la Confédération v. C.J. JAENEN, « The evolution of linguistic policies in Canada. An historical overview », *Les droits linguistiques au Canada : collusions ou collisions ?*, Centre canadien des droits linguistiques, Ottawa, 1995 ; M. CHEVRIER, *Des lois et des langues au Québec. Principes et moyens de la politique linguistique québécoise*, Ministère des Relations internationales, Québec, 1997 et la bibliographie citée ici ; J.C. GEMAR, *Les trois étapes de la politique linguistique du Québec*. Dossiers du Conseil de la langue française, éditeur officiel du Québec, 1983. Enfin, G. BOUTHILLIER et J. MEYNAUD ont rassemblé, dans *Le choc des langues au Québec 1760-1970*, une série de textes de différentes natures, qui permettent de reconstruire le « comportement linguistique » au Québec au cours des siècles.

front aux visées expansionnistes des Etats-Unis d'Amérique et, en même temps, celle de donner vie à un gouvernement unique, qui aurait pu représenter plus efficacement les intérêts de la Colonie vis-à-vis de la Métropole, rendaient cette union impérieuse. La partie anglophone de la population aurait préféré constituer un Etat unitaire afin de poursuivre de façon plus incisive les objectifs rappelés plus haut. La composante francophone, par contre, souhaitait l'adoption d'une structure fédérale afin de sauvegarder à l'intérieur de la région dans laquelle elle était majoritaire, la spécificité de la culture franco-canadienne, déjà durement mise à l'épreuve par un siècle de domination anglaise.

En 1867, il fut décidé de créer un système fédéral très centralisé (136), dans lequel le gouvernement d'Ottawa était titulaire de pouvoirs importants, surtout en matière économique. Les Francophones obtinrent cependant une Province à part entière (le Québec), ainsi que les pouvoirs alors considérés comme nécessaires à la préservation du caractère distinct de leur société et de leur culture (compétences dans les secteurs relatifs à l'organisation sociale, civile, familiale et à l'enseignement).

En raison du caractère de compromis de cette solution, on estima que l'*Acte de l'Amérique du Nord Britannique*

---

(136) Sur l'histoire et les caractéristiques actuelles de ce système v. H. BRUN et G. TREMBLAY, *Droit constitutionnel*, Cowansville, éd. Yvon Blais, 1997 ; J.-Y. MORIN et J. WOEHRLING, *Les Constitutions du Canada et du Québec du régime français à nos jours*, II voll., Montréal, éd. Themis, 1994 ; L. PILLETTE, *La Constitution canadienne*, Québec, éd. Boréal, 1993 ; G.-A. BEAUDOIN, *La Constitution du Canada : institutions, partage des pouvoirs, droits et libertés*, Montréal, Wilson & Lafleur, 1996 ; P.W. HOGG, *Constitutional Law of Canada*, Toronto, Carswell, 1992.

de 1867 (137), qui donna naissance au Canada, pouvait
être considéré comme un « pacte » entre les deux peuples
fondateurs du nouvel Etat, un accord visant à garantir
la coexistence harmonieuse entre les deux composantes
de la population. L'interprétation de la Constitution
comme pacte, supposant la position paritaire des deux
peuples, a été récemment reprise par les Francophones
dans leur tentative de légitimer la théorie de la « dualité
canadienne » (138) et de pouvoir ainsi bénéficier, comme
on le dira dans la suite, d'un statut particulier et distinct
par rapport aux nouvelles minorités. Cette interprétation
cache, même si c'est dans le but de réparer les torts faits
aux Francophones, la réalité des rapports de force exis-
tant à l'époque de la naissance du Canada.

Les Francophones, déjà minoritaires à l'intérieur des
différentes colonies d'Amérique du Nord britannique, le
demeurèrent dans le nouveau Dominion, non seulement

---

(137) L'*Acte de l'Amérique du Nord Britannique* a été la première Loi constitutionnelle du Canada. Approuvé par le Parlement de Westminster comme loi ordinaire, il avait pour le Dominion la valeur d'une loi constitutionnelle, car, selon
le *Colonial Law Validity Act* de 1865, les colonies de l'Empire britannique ne pouvaient pas légiférer en opposition avec une loi impériale. Par la suite, plusieurs
textes constitutionnels enregistrant les changements majeurs dans l'histoire du
Canada, s'ajoutèrent. Ainsi les actes contenant les conditions d'adhésion de nouvelles Provinces et ceux relatifs au statut et aux compétences du pays allèrent
enrichir le corpus constitutionnel canadien. Le *Statut de Westminster* de 1931
transforma le Dominion en Etat souverain en 1931, en éliminant la suprématie
législative britannique. L'*Acte de l'Amérique du Nord Britannique* de 1949 recon-
nut ensuite au Canada l'exercice du pouvoir de révision constitutionnelle. Quelques matières importantes, comme le pouvoir législatif des Provinces ou l'emploi
des langues, continuèrent cependant à être réservées aux autorités anglaises jusqu'en 1982, quand une nouvelle loi constitutionnelle rendit, même formellement,
le Canada complètement indépendant de la Grande-Bretagne. Cette loi, qui
contient la *Charte des droits et des libertés*, énumère en annexe tous les textes qui
font actuellement partie de la Constitution canadienne. L'*Acte de l'Amérique du
Nord Britannique* de 1867 fut en cette occasion rebaptisé Loi constitutionnelle de
1867.
(138) Selon cette théorie, le peuple canadien serait constitué principalement
par les composantes francophone et anglophone, présentes au moment même de
la naissance de la Confédération. Les défenseurs de la théorie du multiculturalisme valorisent, au contraire, la contribution des autres nationalités, qui se sont
ajoutées à la suite des mouvements migratoires du XXe siècle, à la culture et à
l'identité canadienne.

dans les chiffres (139), mais également dans l'esprit de la Constitution. Cette dernière n'était pas une garantie efficace pour la minorité francophone. En effet, l'article 133 introduisait un certain bilinguisme officiel, mais limité uniquement à l'Etat central et au Québec. Ceci signifiait qu'aucune garantie constitutionnelle n'était offerte aux populations francophones présentes dans les autres Provinces de la Confédération, pourtant très importantes dans certains cas. La minorité anglophone du Québec, qui exerçait une hégémonie culturelle et politique, était, par contre, protégée, par le biais des contraintes constitutionnelles imposées à cette Province. De plus, où il était prévu, le bilinguisme était limité aux institutions parlementaires et juridictionnelles : les services administratifs, très importants dans la vie quotidienne des communautés minoritaires, en étaient donc exclus.

Les difficultés des rapports entre Anglophones et Francophones n'auront d'incidence concrète sur le processus de réforme constitutionnelle qu'à partir des années '60, quand le Québec commencera à prétendre plus d'autonomie afin de protéger sa culture et son identité linguistique. Notre analyse des relations entre les deux communautés débutera donc à cette période. Avant de l'entamer, il sera toutefois utile de tracer brièvement les étapes de l'histoire constitutionnelle canadienne et d'examiner le contenu de l'art. 133, ainsi que de quelques dispositions constitutionnelles sur la répartition des compétences entre l'Etat fédéral et les Provinces formulées en 1867. Ceci nous permettra de vérifier si la Constitution de 1867 avait su tenir compte de manière satisfaisante de la composition bi-communautaire de la population du nouveau Dominion. De plus, ces dispositions, qui ont constitué la base juridique de la cohabitation entre les

(139) Ceux-ci constituaient, en 1867, un tiers de la population de la nouvelle Confédération.

deux groupes pendant plus de cent ans, représentent encore aujourd'hui le fondement du régime linguistique canadien.

2. – L'ARTICLE 133
DE LA LOI CONSTITUTIONNELLE DE 1867

La Loi constitutionnelle de 1867 ne contenait guère de dispositions relatives à l'emploi des langues. On n'y parlait pas de langues officielles. Un article sanctionnant un droit général sur la liberté dans ce domaine y faisait défaut, tout comme des normes limitant ce droit dans des secteurs spécifiques.

L'unique disposition qui traitait de la langue était l'article 133 (140). En 1982 ont été ajoutées des nouvelles normes, qui se présentaient comme son complément et son développement. Il constitue donc le point de départ obligé pour l'étude du régime linguistique canadien.

En réglant l'emploi du français et de l'anglais dans les institutions parlementaires et judiciaires de la Confédération et du Québec, l'art. 133 introduisait un embryon de bilinguisme. En particulier, il rendait obligatoire l'usage du français et de l'anglais dans la rédaction des documents parlementaires et des lois au Québec et au Parlement fédéral. Il permettait que tant le français que l'anglais soient librement utilisés dans les débats parlementaires et dans les institutions législatives et judiciaires de la Confédération et du Québec. En revanche, aucune

---

(140) Art. 133 de la Constitution : « Dans les chambres du parlement du Canada et les chambres de la législature de Québec, l'usage de la langue française ou de la langue anglaise, dans les débats, sera facultatif ; mais dans la rédaction des archives, procès-verbaux et journaux respectifs de ces chambres, l'usage de ces deux langues sera obligatoire ; et dans toute plaidoirie ou pièce de procédure par-devant les tribunaux ou émanant des tribunaux du Canada qui seront établis sous l'autorité de la présente loi, et par-devant tous les tribunaux de Québec, il pourra être fait également usage, à faculté, de l'une ou l'autre de ces langues ».

obligation de bilinguisme n'était prévue pour les structures administratives (141).

Il faut noter que l'art. 133 s'appliquait, et s'applique toujours, de façon identique à l'Etat fédéral et au Québec. On sait pourtant que la situation de la minorité anglophone du Québec et celle des Francophones hors Québec, que l'art. 133 entend protéger, était, même quand il a été formulé, fort différente. La première était une minorité-majorité, car elle détenait l'hégémonie politique et économique, tandis que la deuxième risquait d'être assimilée. L'art. 133 ne contenait donc pas un compromis satisfaisant pour les deux composantes de la population (bien qu'au moment de sa rédaction, on pouvait encore parler de dualisme canadien), car il ne visait pas à promouvoir l'égalité juridique des deux communautés.

Au texte de l'article 133, déjà discriminatoire pour les Francophones, va s'ajouter l'interprétation qu'en a donnée la Cour suprême à plusieurs reprises.

La Cour suprême a, en effet, affirmé que l'art. 133 ne s'appliquait pas aux seules lois stricto sensu, mais également à la législation déléguée (142), de même qu'aux règlements du gouvernement (143). Elle a ajouté, enfin, que parmi les institutions judiciaires auxquelles se réfère l'art. 133, il faut aussi inclure les tribunaux administratifs, qui n'existaient même pas quand l'article 133 a été formulé (144).

---

(141) L'article 23 de la loi de 1870 sur le Manitoba reprenait les dispositions de l'article 133 pour les appliquer à cette Province. Le Nouveau Brunswick a instauré en 1969 un régime de bilinguisme officiel avec la *Loi sur les langues officielles*, (L. N.-B. 1968-1969, c. 14) et, en 1982, a accepté d'être liée par les articles 16-20 de la *Charte canadienne des droits et libertés*.

(142) *Procureur général du Québec c. Blaikie* [1979] 2 R.C.S. 1016 (arrêt *Blaikie* n° 1).

(143) *Procureur général du Québec c. Blaikie* [1981] 1 R.C.S. 312 (arrêt *Blaikie* n° 2).

(144) Arrêt *Blaikie* n° 1, cit. La Cour soutient, en cette circonstance, qu'il est nécessaire de donner une interprétation « large et généreuse » au texte constitutionnel.

Si, d'un côté, cette interprétation a augmenté les garanties des Francophones dans les rapports avec l'administration centrale (obligée maintenant de rédiger dans les deux langues officielles un nombre plus élevé d'actes normatifs et d'arrêts), de l'autre côté, elle a réduit sensiblement le pouvoir législatif provincial en matière linguistique, favorisant de la sorte les minorités anglophones du Québec.

En ce qui concerne l'emploi des langues dans les procès, la Cour a soutenu que la liberté de l'emploi des langues doit s'appliquer non seulement aux parties, aux témoins et aux avocats, mais également aux magistrats, qui peuvent donc utiliser durant le procès la langue de leur choix et ne sont pas obligés d'être bilingues. On ne pouvait pas, selon la Cour, déduire du texte de l'article 133 que l'Etat fédéral et la Province du Québec soient tenus d'assurer la présence d'un certain pourcentage de magistrats capables de comprendre la langue de la minorité. Il était donc possible qu'un juge au Québec puisse rendre justice exclusivement en anglais alors que les parties ou les avocats avaient choisi d'utiliser le français (145). D'après la Cour, on ne pouvait pas non plus déduire de l'article 133 l'obligation de rédiger dans la langue de l'inculpé les documents élaborés par les tribunaux – dont les sentences et les ordonnances –, ni celle de joindre une traduction à de tels actes. Dans l'arrêt *Mac-Donald* la Cour a soutenu que les droits constitutionnels de l'inculpé étaient garantis uniquement par la présence de l'interprète.

En cette occasion le juge Wilson avait, par contre, affirmé que le droit d'utiliser sa propre langue dans les procédures judiciaires comportait l'obligation pour l'Etat de rendre ce droit effectif en faisant en sorte que les autorités judiciaires s'adressent à l'inculpé dans la langue

---

(145) J.-Y. MORIN et J. WOEHRLING, *op. cit.*, p. 227.

que celui-ci comprend (146). Deux années plus tard, la loi de 1988 sur les langues officielles (loi fédérale ordinaire) établit que non seulement le droit de l'inculpé à s'exprimer dans sa langue, mais également celui d'être compris devaient être garantis dans les Tribunaux fédéraux (147).

3. – Critères pour la répartition de la compétence en matière de langue entre État et Provinces

La Constitution ne dit pas en quelles matières l'emploi des langues peut être réglé et elle n'attribue expressément la compétence en matière de langue ni au législateur central ni à ceux des Provinces. Aux articles 91-95 de la Loi constitutionnelle de 1867, qui énumèrent les pouvoirs fédéraux et provinciaux, il n'y a, en effet, aucune allusion à l'emploi des langues. La question s'est donc posée de savoir si une intervention législative dans le secteur était possible et, éventuellement, quel serait le législateur responsable

La Cour suprême, dans l'arrêt *Jones* (148), a répondu de façon affirmative à la première question et, considérant comme exhaustive l'énumération des compétences contenue dans la Loi constitutionnelle de 1867, elle a justifié la législation fédérale et provinciale en matière de

---

(146) De nombreux auteurs partagent l'opinion du juge Wilson. Parmi ceux-ci, v. P. FOUCHER, « Législation et jurisprudence en droits linguistiques », *Vers la réconciliation ? La Question linguistique au Canada dans les années 1990*, Queen's University, 1992. Le même auteur a critiqué le compromis politique sur lequel se base l'arrêt MacDonald, dans « L'interprétation constitutionnelle de droits linguistiques par la Cour suprême du Canada », *Revue de droit d'Ottawa*, 1987, p. 381.

(147) Art. 16 de la *Loi sur les langues officielles* (L.C. 1998 c. 38). Comme ce droit était seulement reconnu par la loi et non par la Constitution, il était exclusivement garanti par les institutions judiciaires de l'Etat fédéral ; il fut par la suite (1990) reconnu par le Code Criminel (Partie XVII), qui s'applique aux Provinces. (Sur la difficulté d'application de ce code par les Provinces, v. P. FOUCHER, « Législation et jurisprudence en droits linguistiques », cit. p. 119). En 1991 le Nouveau Brunswick a amendé (avec la L.N.-B. 1990, c. 49) sa *Loi sur les langues officielles* (L.N.B. 1968-1969) pour tenir compte de ces modifications.

(148) *Leonard C. Jones c. P.G. New Brunswick* [1975] 2 R.C.S. 182.

langue en la reliant aux pouvoirs expressément reconnus aux gouvernements respectifs. Le pouvoir de légiférer en matière de langue serait donc ancillaire ou accessoire par rapport aux compétences énumérées par la Constitution aux articles 91-95 (149). Par conséquent, tout niveau de gouvernement est autorisé à légiférer sur les langues selon ses propres compétences spécifiques.

Pour connaître les responsabilités des divers gouvernements en matière linguistique, il faut donc connaître le système canadien de répartition des compétences législatives, qui sera dès lors brièvement illustré.

Le Constituant a reconnu tant à l'Etat fédéral qu'aux Provinces des compétences exclusives, énumérées respectivement aux articles 91 et 92-93 de la Constitution. Il a ensuite établi que les compétences résiduelles étaient du ressort du gouvernement fédéral, lequel peut « ... faire des lois pour la paix, l'ordre et le bon gouvernement du Canada, relativement à toutes les matières ne tombant pas dans les catégories de sujets par la présente loi exclusivement assignés aux législateurs des provinces... » (art. 91). Sur base de cette dernière disposition, la Cour suprême a reconnu au gouvernement fédéral la compétence résiduelle pour la réglementation de l'emploi des langues (150). Les Provinces peuvent, de leur côté, légiférer dans les matières énumérées aux articles 92 et 93 (151).

Le gouvernement fédéral a donc la compétence résiduelle en matière linguistique. Il doit cependant respecter, outre les dispositions constitutionnelles dans le sec-

---

(149) B. PELLETIER, « Les pouvoirs de légiférer en matière de langue après la loi constitutionnelle de 1982 », Les Cahiers de Droit, 1984, n° 1, pp. 235-36 ; A. TREMBLAY, « Les droits linguistiques », Charte canadienne des droits et libertés, Montréal, Wilson & Lafleur Ltée, 1996, p. 903 ; P.W. HOGG, Constitutional Law of Canada, cit.

(150) Jones c. P.G. Nouveau Brunswick, cit.

(151) Dans le domaine linguistique, la législation de l'Etat central et celle des Provinces sont concurrentes, avec la prééminence, en cas de conflit, de la norme fédérale.

teur, la répartition des pouvoirs réalisée par la Constitution (152).

Mais, si les Provinces n'ont que des compétences d'attribution, il s'avère que les secteurs les plus sensibles du point de vue linguistique sont sous leur contrôle. Le Parlement national peut légiférer sur la langue de travail et de communication dans les services postaux, les télécommunications, les transports internationaux et interprovinciaux, dans les Forces Armées, les sociétés de la Couronne fédérale, dans les entreprises interprovinciales (parmi lesquelles les banques). Les Provinces, en revanche, ont compétence en matière d'emploi des langues dans les écoles, les Universités, dans les administrations provinciales et communales, dans le domaine de la santé, les affaires sociales, le commerce etc., c'est-à-dire dans les domaines les plus importants de la vie culturelle, relationnelle et du monde du travail.

Le fait qu'aucun législateur ne détienne une compétence exclusive en matière de langue engendre une série de problèmes de compatibilité entre les diverses législations (surtout entre la législation fédérale et celle du Québec), qui risquent, comme nous le verrons, de mettre en péril l'existence même de la Confédération canadienne (153). En effet, si la législation fédérale et celle de la Province francophone peuvent être complémentaires dans de nombreux secteurs, elles poursuivent, dans d'autres domaines, des objectifs concurrents parce

---

(152) B. PELLETIER, « Les pouvoirs de légiférer en matière de langue », cit., p. 245.

(153) Sur la difficile coexistence entre les différentes politiques linguistiques au Canada, voir D. BONIN (sous la direction de), *Vers la réconciliation ? La question linguistique au Canada dans les années 1990*, cit. ; Colloque *Politique et stratégies linguistiques au Canada : bilan et perspectives*, Association Française d'Etudes Canadiennes, Université d'Avignon, 3-5 juin 1998 (à paraître) ; Colloque *Bilinguisme officiel fédéral versus politique de français comme langue commune au Québec*, Université McGill, Montréal, 11-12 mars 1999 (les actes seront publiés sur un numéro spécial de la revue internationale d'études québécoises Globe, en septembre 1999).

qu'inspirés par des principes, des idéologies et des intérêts opposés (154).

Le silence de la Constitution, qui se limitait, jusqu'en
1982, à instaurer le bilinguisme des institutions parlementaires et judiciaires de la Confédération et du Québec
(art. 133), ne permettait pas aux organes juridictionnels
de résoudre ces conflits de façon pacifique et dans l'ac-
ceptation des parties.

Comme on le dira plus loin, en 1982, à l'occasion du
« rapatriement » de la Constitution, quelques dispositions
qui renforçaient le bilinguisme au niveau fédéral et
d'autres qui assuraient des droits spécifiques pour les
minorités linguistiques ont été introduites dans le Texte
fondamental. Au lieu de faciliter le dialogue, ces normes
ont augmenté le désaccord entre la Province du Québec
et la Confédération. Celles-ci ont, en effet, été élaborées
sans la contribution du Québec et sont l'expression d'une
idéologie explicitement refusée par cette Province.

Le chapitre suivant sera consacré à la comparaison
entre la législation linguistique de l'Etat fédéral et celle
du Québec. Nous mettrons en évidence les divers objectifs des deux politiques linguistiques et les institutions
mises sur pied pour les poursuivre. On soulignera le rôle
joué par la Cour suprême qui, à partir du moment où elle
a pris la fonction de Cour constitutionnelle à part entière
(1982), a été investie de la délicate tâche de rendre compatibles les deux législations à la lumière des nouvelles
dispositions constitutionnelles.

---

(154) Les effets négatifs de la concurrence entre les objectifs de la législation
fédérale et celle du Québec sont soulignés dans le Rapport du COMITÉ INTERMI-
NISTÉRIEL SUR LA SITUATION DE LA LANGUE FRANÇAISE. *Le français langue commune. Enjeu de la société québécoise*, Québec, Ministère de la Culture et des Communications, 1996, p. 42.

CHAPITRE II

LA LÉGISLATION FÉDÉRALE
ET CELLE DU QUÉBEC :
DIVERGENCES ET CONVERGENCES

1. – LA POLITIQUE FÉDÉRALE
DES LANGUES OFFICIELLES

La faible protection réservée à la langue française en 1867 (155) a contribué à aggraver sa mise en minorité dans les décennies qui suivirent. La population francophone en dehors du Québec fut rapidement assimilée et se réduisit à un pourcentage proche de 3 % de la population (156). C'est seulement dans le Nouveau Brunswick qu'elle se stabilisa aux environs de 30 % (157). Au Qué-

---

(155) Rappelons que les Francophones en dehors du Québec n'étaient protégés par aucun article constitutionnel. L'art. 93, qui concernait les droits confessionnels, aurait pu être interprété de manière à favoriser les minorités linguistiques, mais tel ne fut pas le cas (seulement en 1997 l'art. 93 a été modifié afin de le rendre directement applicable aux minorités linguistiques : J. WOEHRLING, « Canada », *Revue française de Droit constitutionnel*, 1998, n° 33). D'après W. TETLEY, ex-ministre du gouvernement Bourassa : « Il est évident que la constitution canadienne a très peu fait pour promouvoir ou même protéger les deux principales langues du Canada, ce qui aurait du être – et devrait être aujourd'hui – un atout national précieux... La constitution, telle qu'interprétée par les tribunaux, aurait dû avoir inspiré un niveau élevé de conduite, un esprit de justice naturelle et une tradition de fair-play. Au lieu de cela on s'est souvent heurté à beaucoup de rudesse et, manifestement, l'injustice demeurait sans remède. C'est seulement dans les années 1960, avec le début de la Révolution tranquille, que l'action politique au Québec a produit des changements », dans « Langage and Education Rights in Quebec and Canada », *Reshaping Confederation. The 1982 Reform of the Canadian Constitution*, Durham, Duke University Press, 1982, p. 218, cité en français par M. CHEVRIER, *op. cit.*, p. 14.

(156) R. LACHAPELLE et J. HENRIPIN, *La situation démolinguistique au Canada : évolution passée et prospectives*, Montréal, 1980.

(157) Dans le Nouveau Brunswick (1871) et les Territoires du Nord-Ouest (1892), les droits à l'éducation garantis aux minorités francophones furent supprimés et, dans le Manitoba, le bilinguisme au Parlement (1890) et dans l'éducation (1916) fut aboli.

bec, le pourcentage de Francophones réussit à se maintenir à un niveau constant, non pas tant grâce à une politique linguistique spécifique du gouvernement provincial
qu'au taux de natalité élevé et au traditionalisme de la
société. Celui-ci fit obstacle à la modernisation, mais pré-
serva l'identité culturelle de la population.

Dans les années '60, à la suite du renforcement électo-
ral des libéraux, un mouvement de transformation de la
société, désigné par l'expression de « révolution tranquille » (158), débuta au Québec ; il se proposait de
séculariser la société et de promouvoir l'accès des Francophones aux positions dominantes dans le domaine politique et économique. A cette période, un nouveau nationalisme progressiste se développa et en quelques années
le facteur d'identification collective se déplaça des
valeurs traditionnelles catholiques à celle, plus laïque, de
la langue (159).

Face à la prise de conscience des Francophones, le gouvernement central, craignant que le nouveau nationalisme ne mît en péril la stabilité de la Fédération, inau-
gura une nouvelle politique de bilinguisme en faisant
adopter par le Parlement en 1969 la *Loi sur les langues
officielles* (160). Cette loi fut précédée par les travaux de
la *Commission sur le bilinguisme et le biculturalisme* (Commission Laurendau-Dunton ou Commission B&B), insti-
tuée en 1963 par le gouvernement Pearson et chargée
d'étudier « l'état présent du bilinguisme et du biculturalisme au Canada » et de « recommander les mesures à
prendre pour que la confédération Canadienne se déve-

---

(158) Sur la transformation de la société « québécoise » v. A.-G. GAGNON (édité
par), *Québec : Etat et société*, Montréal, Québec/Amérique, 1994 ; A.-G. GAGNON et
M.B. MONTCALM, *Québec : au-delà de la Révolution tranquille*, Montréal, VLB éditeur, 1992.
(159) Sur le nationalisme québécois né de la révolution tranquille v. J.Y. THE-
RIAULT, *op. cit.* ; K. McROBERTS, « The Sources of Neo-Nationalism in Quebec »,
Ethnic and Social Studies, 1984, n° 1.
(160) SRC 1970, c.0-2

loppe d'après le principe de l'égalité entre les deux peuples qui l'ont fondée ».

La Commission avait vérifié la présence insuffisante des Francophones dans l'Administration fédérale et avait constaté leur situation de marginalisation dans l'économie générale du pays et au Québec même, où le revenu moyen des Francophones était inférieur de 35 % à celui des Anglophones. Afin de combattre le sentiment qu'avaient les Francophones d'être étrangers à la sphère fédérale et pour lutter contre les effets du nationalisme du Québec sur l'unité du pays, la Commission avait recommandé que le français et l'anglais devinssent les langues officielles du Canada (161) ; elle avait également souligné la nécessité d'introduire le bilinguisme dans l'administration fédérale.

Selon la Commission, le bilinguisme devait s'accompagner du « biculturalisme », c'est-à-dire qu'il fallait songer à la protection non seulement de la langue française, mais aussi de la culture francophone. Il ne suffisait donc pas de promouvoir le bilinguisme des fonctionnaires, comme le gouvernement Pearson l'avait fait précédemment en entamant un programme ambitieux et coûteux, mais il fallait renforcer la présence même des Francophones dans l'Administration en exigeant au maximum des fonctionnaires un bilinguisme passif. De telle sorte, les deux cultures auraient pu contribuer à atteindre les objectifs du gouvernement.

D'après la Commission, ce n'était pas à l'Etat de promouvoir le bilinguisme individuel. En fait, celle-ci estimait que si tous les citoyens devenaient véritablement bilingues, une des langues (la plus faible) serait superflue et disparaîtrait. Une politique basée sur le bilinguisme

(161) COMMISSION ROYALE D'ENQUÊTE SUR LE BILINGUISME ET LE BICULTURA-LISME, *Introduction générale. Les langues officielles*, Livre 1, Ottawa, Imprimeur de la Reine, 1967.

individuel aurait été incapable de défendre la langue et la culture minoritaires.

En ce qui concerne les caractéristiques générales du régime linguistique, la Commission a opté dans son rapport pour le principe de personnalité. Elle n'a pas nié que la situation sociologique et démographique du Canada fût fort semblable à celle de la Belgique (communautés linguistiques fixées sur des territoires homogènes) qui, comme nous l'avons vu, avait basé la législation linguistique sur le principe de territorialité. Elle était cependant convaincue que les minorités parlant une langue officielle pouvaient être un important facteur d'unité dans la fédération canadienne et que ce n'était qu'en marquant la législation fédérale du principe de personnalité que le gouvernement central aurait pu promouvoir une politique homogène de protection et de valorisation des minorités sur tout le territoire national.

La Commission fit cependant deux concessions importantes au principe de territorialité : elle proposa la création de districts bilingues à instituer là où la population atteindrait les 10 % et dans lesquels les services fédéraux, provinciaux et municipaux auraient dû être bilingues. Elle recommanda, en outre, que « pour le secteur privé au Québec, les pouvoirs publics et l'entreprise privée se donnent pour objectif que le français devienne la principale langue de travail à tous les échelons » (162). Selon la Commission, le gouvernement fédéral, conscient de la situation d'infériorité où se trouvait le français même dans la Province où il était majoritaire, aurait dû abandonner, en ce qui concernait le Québec, la neutralité à l'égard de deux langues officielles imposée par le principe de personnalité et il aurait dû tout mettre en œuvre pour favoriser le français par rapport à l'anglais.

---

(162) COMMISSION ROYALE D'ENQUÊTE SUR LE BILINGUISME ET LE BICULTURALISME, *Le monde du travail*, Livre III, Ottawa, Imprimeur de la Reine, 1969, p. 616.

Avant que la Commission eût terminé la publication de son rapport, Pierre Trudeau prit la place de Pearson à la tête du gouvernement fédéral (1968). Partisan du libéralisme, Trudeau estimait que la seule façon de vaincre le nationalisme du Québec était d'instaurer le bilinguisme sur tout le territoire de la Confédération (163).

Le Canada bilingue conçu par Trudeau était cependant fort éloigné de celui imaginé par la Commission. Pour Trudeau, ce n'était pas seulement le Canada qui devait devenir bilingue, mais aussi les individus. Il soutenait que le bilinguisme des personnes était une facteur d'unité, parce qu'il permettait de communiquer, alors que le dualisme linguistique soutenu par la Commission divisait, car il empêchait les individus de franchir les frontières de leur propre communauté.

A son avis, les Canadiens devaient avoir la possibilité de s'adresser dans leur langue à l'Administration sur tout le territoire du pays. Même les gouvernements provinciaux auraient dû, dans son optique, assurer les services importants, comme celui de l'enseignement, dans les deux langues. Ceci aurait permis aux Francophones de se sentir chez eux partout dans la Fédération. Le Québec n'aurait plus été le seul endroit où il était possible de vivre en français et le gouvernement de cette Province aurait perdu le monopole de la représentation des Francophones sur le continent américain. La philosophie libérale de Trudeau, centrée sur les droits individuels, se concrétisait, en politique linguistique, dans la préférence pour le principe de personnalité, entendu au sens le plus large : les correctifs en faveur du principe de territorialité

---

(163) TRUDEAU exposa sa philosophie politique dans *Le fédéralisme et la société canadienne*, publié en 1967, peu après sa nomination comme Premier Ministre.

suggérés par la Commission BB ne trouvèrent pas place dans son programme (164). Voyons maintenant en quoi consistait la loi fédérale sur les langues officielles.

Pour la première fois le français et l'anglais sont déclarés langues officielles du Canada (165). Au bilinguisme des institutions politiques et judiciaires, déjà prévu par l'article 133 de la Constitution de 1867, s'ajoute le bilinguisme des services administratifs. Apparaît, en outre, la figure du Commissaire pour les langues officielles et la procédure pour la création des districts bilingues, dont l'institution avait été souhaitée par la Commission BB, s'y trouve décrite. En fait, leur institution dépendait de la « demande » des utilisateurs et de la « nature du service » (art. 20), alors que la Commission avait prévu que ces districts fussent formés dans tous les cas où la population minoritaire atteindrait les 10 %. De cette manière, la concession au principe de territorialité perdait beaucoup de sa consistance. En effet, dans la même localité, la demande pouvait être suffisamment élevée pour un service fédéral et insuffisante pour un autre, ce qui empêchait le fonctionnement du district comme unité territoriale administrative bilingue. En outre, le gouvernement fédéral ne suivit pas les recommandations de la Commission sur le renforcement du français au Québec. On promut l'emploi de cette langue dans les administrations fédérales situées au Québec, mais rien de semblable ne fut fait dans le secteur privé ou dans les Sociétés d'Etat (166).

(164) K. McRoberts souligne la différence entre la vision du gouvernement fédéral et de la Commission B&B, in *Misconceiving Canada. The struggle for National Unity*, Toronto, New York, Oxford, Oxford University Press, 1997, pp. 92-93.

(165) Sur le contenu de la Loi fédérale sur les langues officielles v. H. Brun et G. Tremblay, « Les langues officielles au Canada », *Cahiers de droit*, 1979, n° 20 ; Tardif, « La coexistence de deux langues officielles dans le fédéralisme canadien », *Toward a Language Agenda : futurist outlook on the United Nations*, Proceeding of the Second Conference, University of Ottawa, may 1995, Canadian Center for Linguistic Rights, University of Ottawa, 1996.

(166) K. McRoberts, *ibidem*.

La politique de bilinguisme poursuivie par Ottawa s'articulait selon deux stratégies parallèles : le renforcement du bilinguisme dans les services administratifs fédéraux et la protection des minorités linguistiques.

Le premier objectif fut poursuivi par la promotion du bilinguisme individuel, déjà introduit par Pearson, auquel Trudeau consacra d'importantes ressources, en soutenant d'ambitieux programmes d'apprentissage de la seconde langue. L'autre solution suggérée par la Commission, à savoir le bilinguisme de l'Administration dans son ensemble par la nomination de fonctionnaires sur une base linguistique, ne fut pas prise en considération, comme on l'a dit, à l'époque de Trudeau, parce que considérée comme contraire au principe d'égalité.

L'objectif du renforcement du bilinguisme dans l'Administration Publique ne fut que partiellement atteint : aujourd'hui encore, en dehors d'Ottawa et du Québec, il est très difficile de communiquer en français avec les Administrations fédérales.

Le second objectif, celui du renforcement des minorités, a été poursuivi de façon indirecte, puisque le gouvernement fédéral ne dispose pas d'une compétence indispensable à cette fin : celle de l'éducation. Il est donc intervenu avec la méthode des subventions financières aux Provinces, afin de « les encourager » à offrir l'instruction dans la langue de la minorité, de même que l'enseignement de la seconde langue officielle aux membres de la communauté majoritaire. Il a ensuite accordé des subventions à une série de sujets (minorités anglophones et francophones, gouvernements provinciaux, communes, entreprises, syndicats, associations de volontariat) pour soutenir leur programme de développement des cultures minoritaires dans les domaines les plus variés. Depuis 1988, ces subventions, qui ont une influence sur la répartition effective des compétences entre Etat et Provinces, ont une base juridique : celle de l'art. 43 de la nouvelle

Loi fédérale sur les langues officielles (167), en vertu duquel le Secrétaire d'Etat du Canada peut prendre « les mesures qu'il estime indiquées pour favoriser la progression vers l'égalité de statut et d'usage du français et de l'anglais » au Canada. De cette manière, le gouvernement central peut intervenir, par son pouvoir en matière de dépenses publiques, dans de nombreux domaines de la compétence exclusive de la Province (168).

La politique de promotion des langues minoritaires n'a pas réussi, en dépit de l'engagement du gouvernement fédéral, à protéger les « minorités faibles » (Francophones dans les Provinces anglophones) alors qu'elle a, dans certains cas, renforcé les « minorités fortes » (Anglophones au Québec) : plus de la moitié des ressources financières dépensées par Ottawa pour le financement de l'étude de la langue minoritaire est allée à la minorité anglophone du Québec. En outre, l'enseignement du français comme seconde langue a quelquefois produit des effets pervers. En effet, les écoles d'immersion française, destinées à former des Anglophones bilingues, sont souvent les seules écoles où il soit possible de recevoir une instruction en français. Elles sont donc fréquentées également par les élèves francophones. Mais, comme dans ces écoles la langue dominante parlée en dehors des cours continue à être l'anglais (la langue maternelle de la majorité des enfants), ceux-ci finissent souvent par s'assimiler (169).

(167) *Loi sur les langues officielles*, L. C. 1988, c. 38. Sur les modifications apportées à la politique linguistique fédérale par cette nouvelle loi v. B. STUART, « A New Official Language Act for Canada. Its scope and implication », *Langue et droit*, Montréal, Wilson éd., 1989.

(168) Rapport du COMITÉ INTERMINISTÉRIEL SUR LA SITUATION DE LA LANGUE FRANÇAISE, *op. cit.*, p. 41.

(169) Sur les résultats atteints par la politique fédérale de bilinguisme v. COMMISSAIRE AUX LANGUES OFFICIELLES, *Rapport annuel*, 1996 ; K. MCROBERTS, « Making Canada Bilingual : Illusions and Delusions of Federal Language Policy », *Federalism and Political Community : Essays in Honour of Donald Smiley*, Peterborough, Broadview Press, 1989. Sur l'opposition au bilinguisme de la part des anglo-canadiens voir A. IVES, « Le Reform Party et la question linguistique au Canada », communication au colloque *Politique et stratégies linguistiques au Canada...*, cit.

2. – LA POLITIQUE LINGUISTIQUE
DU QUÉBEC

Le bilinguisme instauré par Trudeau provoqua l'hostilité de nombreux Anglo-canadiens et des Francophones du Québec. Les premiers se lamentaient du « coût du bilinguisme » et des discriminations que comportait une telle politique par rapport aux Anglophones unilingues, tandis que le gouvernement du Québec considérait que le bilinguisme n'était pas l'instrument adapté pour protéger les langues faibles, comme l'était précisément le français en Amérique du Nord.

N'ayant plus confiance dans la capacité de la politique de bilinguisme officiel à protéger le français dans l'ensemble du Canada, le gouvernement du Québec se tourna vers l'unilinguisme, d'abord avec une politique modérée et ensuite en faisant approuver par le Parlement la Charte de la langue française.

L'initiative gouvernementale en ce domaine était un phénomène tout à fait nouveau (170). De 1867 à 1956, aucun programme politique au Québec, pas même ceux des partis plus nationalistes, n'avait affronté la thématique linguistique (171). En l'absence d'une quelconque intervention active de l'Etat, le régime de fait en vigueur au Québec était celui du *bilinguisme officiel intégral* : l'anglais et le français étaient sur le même plan, non seulement dans le domaine législatif et judiciaire, comme le prescrivait l'art. 133 de la Constitution fédérale, mais aussi dans le fonctionnement interne de l'administration du Québec, dans les rapports de cette dernière avec les

---

(170) Nous nous référons au cas du Québec. De manière générale, en effet, l'intervention du pouvoir public dans le domaine des langues n'était certainement pas un phénomène inédit. Au contraire, comme le rappelle J.C. GEMAR, dans *Les trois étapes de la politique linguistique du Québec*. Dossiers du Conseil de la langue française, éditeur officiel du Québec, 1983, p. 46, la norme linguistique a une très longue histoire.

(171) J.-L. ROY, *Les programmes électoraux du Québec ; un siècle de programmes politiques québécois*, 1931-1966, Montréal, Leméac, 1970, t. 2.

citoyens et dans l'instruction publique. Cette attitude
« généreuse » faisait clairement du tort à la langue française : le libre marché des langues favorisait la langue la
plus forte et, au Québec, l'anglais, tout en étant la langue de la minorité, continuait à exercer une hégémonie
culturelle et économique.

L'attitude passive des autorités politiques dans le
domaine des langues dérivait de la perception que les
Francophones du Québec avaient d'eux-mêmes : ils se
considéraient une partie de la communauté plus vaste
des Francophones du Canada, minoritaires par rapport à
la composante anglophone du pays. Par conséquent, ils
adoptaient par rapport à la minorité anglophone présente sur le territoire provincial la même attitude que
celle qu'ils auraient souhaité voir réservée aux minorités
francophones présentes dans les autres Provinces (172).

La prudence en matière linguistique dérivait, en outre,
du fait que l'économie du Québec était depuis toujours
aux mains de la minorité anglophone. On craignait qu'un
durcissement de la politique linguistique ne provoquât la
fuite de cette classe dirigeante et de ses capitaux, entraî-
nant une marginalisation du Québec sur le plan national
et international.

Avec la révolution tranquille commença au Québec,
comme nous l'avons dit, un processus de modernisation
et de sécularisation, qui permit à la Province de rattra-
per le retard accumulé par rapport aux autres régions de
la Fédération. Les libéraux, au pouvoir depuis 1961,
construisirent une administration moderne et bien dotée.
Ils réalisèrent une réforme de l'école, de la santé et des
services sociaux, en les soustrayant au monopole de
l'Eglise et nationalisèrent d'importantes entreprises privées. A cette époque, par l'effet conjoint des réformes et
d'une phase générale de croissance économique, la scola-

(172) J. WOEHRLING, *La Constitution canadienne et l'évolution des rapports
entre le Québec et le Canada anglais de 1867 à nos jours*, cit., p. 203.

risation augmenta, l'accès aux services s'améliora ainsi que, d'une façon générale, la qualité de vie des citoyens du Québec.

Dans ce contexte, la valorisation de la langue devenait un facteur indispensable à l'exercice effectif des droits que le régime démocratique reconnaissait en théorie à tous les citoyens depuis l'introduction du suffrage universel, mais qui, dans la pratique, avaient longtemps été niés aux Francophones canadiens en raison de l'alliance entre les forces conservatrices (173). La multiplication des écoles secondaires régionales et, à partir du 1968, des collèges d'enseignement général et professionnel, ainsi que le renforcement des Universités, qui avaient été jusqu'alors sous-financées (174), donnèrent aux Francophones la possibilité de suivre leurs études dans leur Province et surtout dans leur langue. Une nouvelle génération en mesure d'occuper des postes de direction se forma donc au Québec. La langue était, dans ces circonstances et comme elle l'avait déjà été en Flandre à partir des années '20 et '30, un facteur de démocratisation.

A cette période, le gouvernement, sans intervenir directement dans la politique linguistique, mais en agissant surtout dans le domaine de l'éducation et des services, contribua à modifier la perception que les Francophones avaient d'eux-mêmes : non plus (ou non seulement) une minorité à l'intérieur de la Confédération canadienne, mais une majorité dans leur propre Province. En tant que majorité, ils se sentaient désormais autorisés à utiliser les institutions publiques provinciales pour favoriser leur propre développement culturel et leur promotion sociale. Quand ils s'aperçurent que la classe

(173) Avant l'arrivée au pouvoir des libéraux menés par Jean Lesage, en 1960, la Province avait été gouvernée durant tout l'après-guerre par le parti conservateur d'Unité nationale, conduit par Maurice Duplessis et l'Eglise avait la gestion du système scolaire, hospitalier et social.
(174) Sur ces importantes transformations v. D. MORTON, « Crise d'abondance, 1945-1988 », *Histoire générale du Canada*, cit., pp. 612 et s.

dirigeante francophone, formée grâce à la réforme du système scolaire et universitaire, ne réussissait pas à occuper les niveaux supérieurs des grandes sociétés et demeurait reléguée dans une position économique secondaire, ils demandèrent l'intervention active de l'Etat dans le domaine linguistique.

La première réponse du gouvernement fut la *Loi pour promouvoir la langue française* de 1969. Depuis lors, l'activité législative dans le secteur a été très intense.

Malgré les changements dans le droit positif, les objectifs de fond de la politique linguistique demeurèrent les mêmes : renforcer la position du français dans la vie économique (175) et faire en sorte que les immigrés fréquentent l'école francophone.

A travers la législation sur la langue dans la fonction publique, on favorisa l'accès des Francophones dans l'administration. Par la suite, quand le secteur public eut épuisé ses possibilités d'absorption, la législation intervint également dans le secteur privé, en prévoyant des programmes de « francisation » des entreprises, une réglementation détaillée de l'emploi de la langue dans les environnements de travail, de l'« affichage public » et de la publicité commerciale.

La volonté d'intégrer la population allophone à la communauté francophone (une nécessité dans une société à fort taux d'immigration) était la conséquence directe de la prise de conscience mentionnée plus haut à propos de la position majoritaire des Francophones au Québec. Les immigrés devaient s'apercevoir, au moment de leur installation dans la Province, qu'ils se trouvaient dans une société à prédominance francophone. Pour eux, intégration devait donc être synonyme de francisation. La politique linguistique à l'égard des immigrés revêtait une importance particulière à cause également de la baisse du

---

(175) J. WOEHRLING, *La Constitution canadienne...*, cit., p. 211.

taux de natalité des Francophones, traditionnellement très élevé. Le choix d'« appartenance communautaire » des nouveaux arrivants, qui, depuis toujours préféraient l'anglais, risquait en effet d'altérer le rapport démographique entre Francophones et Anglophones.

Dans les pages suivantes, nous analyserons en détail les différentes phases de la législation linguistique du Québec.

2.1. – La Loi 63 de 1969

En septembre 1969, se produisirent de graves troubles et des heurts violents entre les représentants de la communauté francophone et ceux des minorités (Anglophones et immigrés, surtout Italiens) à propos de la langue de l'enseignement (affrontements de Saint-Léonard). Les Francophones voulaient que la liberté du choix de la langue de l'enseignement fût supprimée, tandis que les minorités prétendaient envoyer leurs enfants dans les écoles anglaises.

Le Premier Ministre du Québec « Bernard » présenta à l'Assemblée Nationale un projet de loi modéré avec lequel il espérait satisfaire tant les Francophones (en exigeant des immigrés une certaine connaissance du français) que les Anglophones et les allophones (en reconnaissant la liberté de choix de la langue dans l'enseignement). La Loi pour promouvoir la langue française au Québec (Loi 63) (176) confirmait en effet la liberté de choix de la langue de l'enseignement et se limitait à prévoir qu'on assurât dans les écoles de langue anglaise une « connaissance d'usage de la langue française ». La loi demandait en outre au Ministère de l'immigration de faire son possible afin que les immigrés acquissent une connaissance de la langue française.

(176) L.Q. 1969 C.9.

Dans les autres secteurs, tels que le travail et l'activité économique, la loi 63 faisait aussi quelques timides avancées en faveur de la protection de la langue française en la déclarant langue prioritaire en matière d'affichage public (art. 14 par. e). En outre, le gouvernement entendait, à travers les conseils de l'Office de la langue française, « faire en sorte que le français soit la langue d'usage dans les entreprise publiques et privées au Québec » (art. 14 par. c) (177). Bien que l'affirmation de ces principes fût importante et novatrice, la portée juridique de ces dispositions était réduite : aucun moyen de coercition n'était prévu.

2.2. – La Loi 22 de 1974

La loi 63 fut mal accueillie par de nombreux Francophones, convaincus que celle-ci aurait ramené le pays dix ans en arrière et accru l'anglicisation du Québec. Ils estimaient que le gouvernement ne devait pas se borner à prendre des mesures d'incitation et de stimulation, mais qu'il avait le droit d'imposer des mesures coercitives pour favoriser l'usage de la langue française.

Cette revendication fut reprise par le gouvernement libéral de Robert Bourassa, qui élabora la *Loi sur la langue officielle du Québec* (Loi 22) (178), approuvée en 1974 par l'Assemblée Nationale. Le gouvernement reprit en partie les recommandations exprimées par la *Commission Gendron* (179), chargée en 1968 par le Premier Ministre Bernard d'enquêter sur la situation de la langue française. De nombreuses recommandations sur l'usage du français dans l'administration publique, dans le monde

---

(177) La loi 63 suivait en cela les recommandations de la *Commission sur le bilinguisme et le biculturalisme.*
(178) L.Q. 1974, C.6.
(179) Le rapport de la Commission d'enquête sur la situation de la langue française et sur les droits linguistiques au Québec (Commission Gendron) fut publié en 1972, en trois volumes : *La langue du travail, Les droits linguistiques, Les groupes ethniques.*

du travail et de l'économie furent reprises, mais l'esprit purement incitateur qui, selon la Commission, devait marquer la législation linguistique et qui avait caractérisé la loi 63, fut abandonné. La loi 22 contenait en effet de nombreuses mesures coercitives et inaugurait donc au Québec l'ère de la planification linguistique.

Le français fut déclaré langue officielle (180) : il devenait la seule langue utilisée dans la fonction publique. « Doivent être rédigés en français les textes et documents officiels émanant de l'administration publique » (art. 6), même si « toute personne a le droit de s'adresser à l'administration publique en français ou en anglais, à son choix » (art. 10). Les travailleurs se voyaient reconnaître le droit de communiquer entre eux et avec leurs supérieurs en français. Ceci comportait une série d'obligations pour les employeurs (rédaction en français des avis, communications, directives). Le français devenait également la langue des affaires : la personnalité juridique ne pouvait pas être conférée si la raison sociale adoptée n'était pas française (art. 30). En outre, un programme de « francisation » des entreprises (art. 29 et 39), contrôlé par une « Régie de la langue française » fut inauguré. Enfin, en matière d'enseignement, la liberté de choix des parents fut restreinte et subordonnée à une connaissance suffisante de la langue d'enseignement par leurs enfants. Cette connaissance était certifiée par une méthode objective : celle des tests linguistiques (181).

Le but du législateur était de « *tout mettre en œuvre pour assurer la prééminence (du français)* », en considé-

---

(180) Par exemple, la référence à l'anglais comme « langue nationale », suggérée par la *Commission Gendron*, fut abandonnée.

(181) Pour des détails supplémentaires sur la Loi 22, nous renvoyons à J.-C. GEMAR, *Les trois Etats de la politique linguistique du Québec*, cit., pp. 70 et s. ; A.-G. GAGNON et M.B. MONTCALM, *Québec : au-delà de la Révolution tranquille*, Montréal, VLB éditeur, 1992 ; K. McROBERTS, « Bill 22 and Language Policy in Canada », *Queen's Quarterly*, vol. LXXXIII, 1976.

rant que « *la langue française constitue un patrimoine national que l'Etat a le devoir de préserver* » (182).

La volonté du gouvernement de valoriser et de défendre la langue française n'était pas mise en doute, même par les nationalistes les plus convaincus, mais, pour de nombreux Francophones, les moyens utilisés par la loi pour atteindre ces objectifs étaient encore inadéquats. En particulier, la reconnaissance de la prééminence du français se heurtait au maintien de la dualité linguistique dans de nombreux secteurs.

Les Anglophones et les immigrés eurent, par contre, une très vive réaction de rejet envers la loi 22, plus forte encore que celle qu'ils manifestèrent à l'égard de la loi 101, qui suivra en 1977, et qui était beaucoup plus intransigeante. Ils n'acceptaient pas, en particulier, l'obligation de tests linguistiques pour l'admission dans les écoles anglaises, mesure qui, dans l'intention du législateur, aurait dû représenter un compromis entre des intérêts opposés.

2.3. – *La Loi 101 de 1977*

En 1977, le gouvernement du « Parti québécois », qui avait gagné les élections l'année précédente et avait fait de la question linguistique une de ses priorités, proposa à l'Assemblée Nationale un nouveau projet de loi, la *Charte de la langue française* (183), destinée à remplacer l'ancienne législation sur l'emploi de la langue. L'Assemblée adopta le projet le 26 août.

Avec la *Charte de la langue française*, ou Loi 101, la reconnaissance du français comme langue officielle unique du Québec (art. 1) revêtait de nouvelles significations. Le français devenait non seulement « la langue normale et habituelle du travail, de l'enseignement, des

(182) Préambule de la Loi 22.
(183) L.Q., 1977, c.5.

communications, du commerce et des affaires » (184), mais aussi celle « de l'Etat et de la Loi ». Cela signifiait que les projets de loi devaient être rédigés en français (art. 8) et que seul le texte français des lois et des réglements était officiel (art. 9). La publication d'une version anglaise des projets de loi, des lois et des réglements était prévue, mais elle n'avait cependant pas de valeur officielle.

Les personnes morales devaient s'adresser en français aux Tribunaux, les jugements devaient être rédigés en français ou accompagnés d'une version française authentifiée et seule cette dernière était considérée comme officielle (art. 13). Les personnes physiques conservaient cependant le droit de s'exprimer dans la langue de leur choix.

Dans le domaine du commerce et des affaires, la *Charte* introduisait aussi des innovations importantes, qui suscitèrent de vives réactions dans la communauté anglophone : le français devenait langue obligatoire, même si non exclusive, pour l'étiquetage des produits (art. 51), tandis que pour l'affichage public et pour la publicité commerciale l'emploi de toute autre langue que le français était interdit (art. 58) (185).

L'inscription dans les écoles anglaises était réservée aux « enfants dont le père ou la mère a reçu au Québec, l'enseignement primaire en anglais » (art. 73 a) et aux « enfants dont le père ou la mère est, à la date d'entrée en vigueur de la présente loi, domicilié au Québec et a reçu, hors du Québec, l'enseignement primaire en anglais » (art. 73 b). Les enfants des nouvelles généra-

---

(184) Préambule de la Loi 101.
(185) Quelques exceptions sont cependant prévues. Les entreprises qui n'emploient pas plus de quatre personnes peuvent pratiquer le bilinguisme, à condition que, dans toute inscription, le français soit aussi visible que l'autre langue. La même possibilité est offerte aux groupes ethniques pour la réalisation d'activités culturelles, et aux associations sans but lucratif, en ce qui concerne la publicité. La raison sociale des associations sans but lucratif à caractère ethnique peut également être bilingue.

tions d'immigrés et ceux des immigrés qui avaient fréquenté l'école française étaient donc exclus.

Enfin, la *Charte* réservait deux chapitres entiers à la « francisation » de l'administration et des entreprises. La Loi 101 se révéla en ce domaine beaucoup plus incisive que la Loi 22, qui prévoyait pourtant des programmes spéciaux de « francisation ». La réglementation était, en effet, beaucoup plus détaillée et sévère. De lourdes sanctions étaient (et sont encore) prévues et le contrôle de l'application de la loi était confié à cinq nouveaux organismes, parmi lesquels l'Office et le Conseil de la langue française (186).

La *Charte de la langue française* contenait la législation linguistique la plus radicale jamais approuvée par l'Assemblée du Québec. Par rapport aux normes en vigueur dans d'autres pays, comme la Belgique (187), elle paraît cependant assez modérée.

Au Québec, le citoyen a le droit de communiquer avec l'administration dans sa langue. L'obligation de l'utilisation exclusive de la langue française vaut, en effet, seulement pour les communications à l'intérieur des organes de l'Administration (art. 17) et pour les rapports de l'Administration « avec les personnes morales établies au Québec » (art. 16). Le droit de l'individu à s'exprimer

(186) Pour des détails supplémentaires sur la Loi 101 v. M. CHEVRIER, *Des lois et des langues au Québec*, cit., pp. 29 et s. ; J. WOEHRLING, *La Constitution canadienne...*, cit., pp. 210 et s. ; ID., « La réglementation linguistique de l'affichage public et la liberté d'expression : P.G. Québec c. Chaussure Brown's Inc. », *Revue de droit de McGill*, 1987, 32 ; A.-G. GAGNON et M.B. MONTCALM, *Québec...*, cit., pp. 262 et s.

(187) Le régime linguistique belge, comme du reste le régime suisse, est bien connu des spécialistes. La *Commission Gendron*, en particulier, avait demandé à W.J. Ganshof van der Meersch, de l'Université de Bruxelles, une étude sur *Les principes juridiques, idéologiques et historiques relatifs aux droits linguistiques et culturels des minorités linguistiques*, où une large place était réservée à l'expérience belge. La synthèse de cette étude fut publiée dans le vol. II, *Les droits linguistiques*, du rapport de la Commission. La COMMISSION B&B avait également étudié les solutions adoptées dans les autres pays, en particulier en Belgique, Suisse, Afrique du Sud et Finlande, v. *Rapport...*, vol. I, *Les langues officielles*, cit.

dans sa langue est donc respecté (188). Le décret flamand de 1981 (189) impose par contre à l'utilisateur, comme nous l'avons vu dans la première partie, l'usage de la langue de la Région. En outre, au Québec, l'adaptation des entreprises à la législation linguistique est progressive. Elles peuvent contracter avec les institutions compétentes des programmes personnalisés, adaptés à leur rythme et à leur activité, et les exceptions à l'obligation de « francisation » sont nombreuses (190). En Belgique, par contre, toute entreprise qui s'établit sur le territoire national est tenue de respecter, depuis le début de son activité et sans exception, la législation en matière d'emploi des langues dans les relations sociales. Dans les écoles, les exceptions à l'unilinguisme ne sont admises que dans les communes à statut spécial. Sur le territoire des Régions unilingues, la langue maternelle de l'enfant n'est pas prise en considération, si bien qu'il n'existe même pas d'écoles publiques dans la langue de l'autre communauté.

Le caractère plus tranché de la législation linguistique belge est dû, sans aucun doute, au fait que les Communautés ont une souveraineté quasi absolue en matière de langue. Par contre, le Québec exerce son pouvoir concurremment à l'Etat fédéral et, surtout, il doit respecter des dispositions constitutionnelles qui l'obligent à observer le bilinguisme dans de nombreux secteurs.

En comparaison des standards canadiens, la *Charte de la langue française* représentait, cependant, une véritable rupture, dont les raisons doivent être recherchées dans

---

(188) J.-C. GEMAR, *Les trois Etats de la politique linguistique du Québec*, cit., p. 128.

(189) Selon l'art. 3 du décret du Conseil flamand du 30 juin 1981 : « les particuliers, y compris les entreprises... utilisent exclusivement le néerlandais dans leurs rapports avec les services visés à l'article 2 (services locaux et régionaux de la Région flamande) ».

(190) Au siège social et dans les centres de recherche des entreprises, on peut utiliser une langue différente du français. Les entreprises concernées doivent néanmoins signer un accord particulier avec l'Office de la langue française.

l'échec de la politique fédérale en matière de protection
des Franco-canadiens (191).

La promesse d'un Canada bilingue, contenue en germe
dans la Constitution et affirmée explicitement par Trudeau, n'avait pas été tenue : le processus de mise en
minorité des Francophones continuait, malgré les efforts
du gouvernement fédéral. Les Québécois décidèrent donc
de se concentrer sur la sauvegarde de la langue française
dans leur Province, en se dotant des instruments législatifs et conceptuels nécessaires, et de renoncer à protéger les Francophones hors du Québec.

Le but de la politique linguistique ne devait donc plus
être de rendre possible l'emploi de la langue française par
tous ceux qui auraient souhaité s'en servir (c'était l'objectif de la législation fédérale sur le bilinguisme et de la
législation linguistique du Québec jusqu'à l'adoption de
la *Charte de la langue française*), mais de garantir, à l'avenir, l'existence d'une communauté francophone.

Ce changement de perspective (192) exigeait la reconnaissance de droits spécifiques qui auraient pu protéger
la communauté dans son ensemble et qui ne se limite-
raient pas à garantir aux individus la liberté (très souvent uniquement théorique) d'utiliser la langue de leur
choix. On avait donc besoin de *droits linguistiques*

---

(191) Pour l'analyse d'autres raisons, voir A. COMBRES, « Quelques hypothèses
sur les raisons qui ont engendré l'adoption de la loi 101 », communication au colloque « *Politique et stratégies linguistiques...* », cit.

(192) Avant la Révolution tranquille était répandue une vision « pan-cana-
dienne » de la dualité canadienne, où le Canada francophone était opposé au
Canada anglophone et le dualisme était essentiellement d'ordre linguistique. Le
Québec représentait, dans cette vision, une fraction du Canada francophone. On
est ensuite passé à la vision québécoise de la dualité : c'est le Québec même qui
constitue une des deux composantes du rapport dualiste. Ce n'est plus le Canada
anglophone, mais le gouvernement fédéral et les autres Provinces qui lui sont
antagonistes. La dualité n'est plus seulement d'ordre linguistique, mais aussi politique. Sur ce sujet, v. J. WOEHRLING, « La Constitution canadienne et les droits
linguistiques : convergences et divergences entre les intérêts des Québécois francophones, de la minorité anglo-québécoise et des minorités francophones du
Canada », *Les droits linguistiques au Canada : collusions ou collisions ?*, cit., pp. 88-
89.

forts (193), qui, grâce à l'intervention active des autorités, auraient permis de *vivre en français*, non seulement
dans le milieu familial, mais aussi dans la sphère publique et l'environnement de travail. Les droits linguistiques individuels garantis par la Constitution n'étaient
pas suffisants à ces fins : il était nécessaire d'introduire
des droits linguistiques collectifs, reconnaissant un status
privilégié à la langue de la majorité. Ces droits auraient
été le fondement et la légitimation de la politique d'unilinguisme de la Province francophone.

Naturellement, la protection d'une communauté linguistique au moyen de droits linguistiques forts était une
notion complètement étrangère à la mentalité libérale,
centrée, au contraire, sur la reconnaissance de *droits linguistiques faibles ou négatifs*, sur base desquels l'Etat
devait seulement s'abstenir de régler l'emploi des langues
ou garantir à tout citoyen, par le biais du bilinguisme, le
droit de s'exprimer dans la langue de son choix. Dans la
perspective libérale canadienne, toute intervention de
l'Etat est, en effet, perçue comme une violation arbi-
traire de l'autonomie individuelle et, dans le cas de la
législation de la Province francophone, comme une violation des droits des membres de la minorité anglophone.

Le conflit idéologique entre la législation linguistique
fédérale, fondée sur les droits individuels, et celle du
Québec, axée au contraire sur les droits collectifs, était
aggravé par l'absence (soulignée au chapitre I) dans la
Loi constitutionnelle de 1867 d'une disposition sur la
répartition des compétences en matière de langue. Faute
de prévisions constitutionnelles explicites, la Cour
suprême a joué un rôle très important dans l'indication
des principes sur la base dequels résoudre les contrastes
entre la législation linguistique fédérale et celle du Québec.

(193) P. COULOMBE, *Language Rights in French Canada*, New York, Peter
Lang Publishing, 1995.

En 1979 elle déclara inconstitutionnels les articles 7-13 de la *Charte*, relatifs à l'usage exclusif du français dans la législation et dans la justice (194). En effet, selon la Cour, on devait déduire de l'art. 133 l'obligation de reconnaître au français et à l'anglais un statut officiel dans l'adoption et la publication des lois fédérales et de celles du Québec. Selon le gouvernement du Québec, par contre, l'emploi du français et de l'anglais prescrit par l'art. 133 ne comportait pas l'attribution de la même valeur légale aux deux textes.

En ce qui concerne l'emploi des langues dans la justice, la Cour établit que l'expression « Tribunaux du Québec » contenue à l'art. 133 faisait référence non seulement, comme le soutenait le Québec, aux Tribunaux supérieurs de la Province, dont les juges sont nommés par le gouvernement fédéral, mais, comme nous l'avons souligné plus haut, également à toutes les Cours créées par les Provinces et dotées du pouvoir de rendre la justice, y compris les Tribunaux administratifs qui n'existaient pas à l'époque de la rédaction de l'art. 133.

La Cour affirma en outre, dans l'arrêt *Blaikie*, que l'art. 133 faisait partie d'un compromis fédéral initial, qui ne pouvait pas être modifié unilatéralement par le Québec (195).

A cette occasion, la primauté de la Constitution fut donc réaffirmée, mais celle-ci commençait à perdre sa valeur de pacte fondamental : les droits linguistiques qu'elle contenait étaient, en effet, considérés comme totalement insuffisants pour protéger la spécificité et la diversité du Québec, non seulement d'un point de vue quantitatif (le bilinguisme des institutions fédérales

---

(194) *Procureur général du Québec c. Blaikie*, n° 1, [1979], 2 R.C.S., 1016.
(195) Sur l'impossibilité pour le Québec de modifier l'art. 133 sur base du pouvoir unilatéral de modification constitutionnelle attribué aux Provinces par l'art. 92 (1) de la Constitution, v. B. PELLETIER, « La modification des dispositions constitutionnelles relatives à l'usage de l'anglais et du français », *Revue Générale de Droit*, 1990, 21, pp. 228 et s.

prévu par l'art. 133 de la Constitution n'était pas suffisant pour protéger la langue française), mais également
qualitatif (les droits linguistiques collectifs n'étaient pas
reconnus), sans compter que le système de répartition
des compétences ne permettait pas aux Provinces de sauvegarder de façon appropriée leur identité par des politiques (linguistique (196), culturelle, de l'éducation et de
l'immigration) adéquates.

Malheureusement, bien qu'il ait eu, à plusieurs
reprises, la possibilité de renégocier les termes de l'accord
constitutionnel, le Québec, comme nous le verrons au
chapitre suivant, n'a jamais réussi à le modifier en fonction de sa propre vision, ni à influer, par une intervention dans la procédure de nomination des juges de la
Cour suprême, sur l'interprétation des articles de la
Constitution relatifs à l'emploi des langues. Le long processus de transformation du fédéralisme canadien,
entamé dans les années '70 et qui s'est conclu avec la Loi
constitutionnelle de 1982, fut en effet réalisé contre l'avis
de la Province francophone. Par la suite, les échecs des
accords du Lac Meech (1987) et de Charlottetown (1992),
et le résultat du référendum de 1995, confirmeront la difficulté du Québec à influencer la structure du fédéralisme
et, en particulier, à reformuler ses propres conditions
d'adhésion. Le principal problème du gouvernement de
la Province francophone fut de convaincre ses interlocuteurs, dans le processus de révision constitutionnelle, de
son droit à une position privilégiée au cours des négociations. En raison du fort mouvement d'immigration qui
avait depuis toujours caractérisé son histoire, le Canada
n'était plus, en effet, un pays biculturel, mais multiculturel. Dans ce nouveau contexte, le Québec était désormais

---

(196) Sur la nécessité d'étendre la compétence du Québec en matière linguistique v. J. WOEHRLING, *La Constitution canadienne et les droits linguistiques :
convergences et divergences*, cit.

simplement considéré par le Canada anglophone comme
une des dix Provinces canadiennes, et non plus comme
un des deux signataires du pacte de 1867.

CHAPITRE III

LES DROITS LINGUISTIQUES
DANS LA CHARTE CANADIENNE
DES DROITS ET LIBERTÉS
ET LA JURISPRUDENCE
DE LA COUR SUPRÊME

1. – LA LOI CONSTITUTIONNELLE DE 1982

Jusqu'en 1982, le Canada ne disposait pas encore pleinement du pouvoir de révision constitutionnelle qui restait en partie – phénomène anachronique – une prérogative du Parlement du Royaume-Uni. Cette particularité ne découlait pas de la volonté du Parlement de Westminster de contrôler le contenu de la Constitution canadienne, mais de l'incapacité du gouvernement fédéral et des Provinces à se mettre d'accord sur une formule de révision constitutionnelle. Le premier soutenait que la proposition de révision ne pouvait émaner que des seuls organes du pouvoir central. Les partisans de l'autonomie provinciale, et en particulier le gouvernement du Québec, affirmaient, au contraire, que les Provinces auraient dû avoir un droit de véto sur les modifications concernant leurs compétences.

Profitant d'une conjoncture particulièrement favorable (résultat négatif du référendum de 1980 au Québec sur la souveraineté-association), le Premier Ministre Trudeau proposa un projet unilatéral de « rapatriement » (197). Ce

---

(197) On désigne par le terme de « rapatriement » ou « patriation » de la Constitution l'attribution au Canada de la pleine compétence en matière de révision constitutionnelle. Sur la Loi constitutionnelle de 1982, sur le processus de « rapatriement » et sur les nouveaux mécanismes de révision, voir A. TREMBLAY, *La réforme de la Constitution*, Montréal, Thémis, 1995 ; B. PELLETIER, *La modifi-*

projet contenait, en plus des nouvelles modalités sur la révision constitutionnelle, une *Charte canadienne des droits et libertés*, qui donnait une reconnaissance constitutionnelle à une série de droits et confiait à la Cour suprême un mandat explicite pour interpréter ses dispositions et annuler les lois incompatibles.

Le Québec, en plus d'être hostile aux modalités de révision constitutionnelle prévues par le projet fédéral, qui réduisaient son autonomie, refusait également la philosophie sous-jacente à la nouvelle *Charte* dont l'insertion dans le corpus constitutionnel aurait sûrement conduit à l'annulation de nombreuses dispositions de la loi 101.

De plus, le caractère général et abstrait du langage utilisé par la *Charte* donnait à la Cour suprême et aux Tribunaux d'appel un pouvoir d'interprétation très étendu qui risquait, selon de nombreux observateurs (198), de transformer les organes juridictionnels en organes colégislatifs et co-constituants. Sachant, en outre, qu'il ne pouvait pas influencer la nomination des juges de la Cour, désignés à vie par le gouvernement fédéral, le Québec se sentait pénalisé par le nouveau contrôle constitutionnel introduit par la loi de 1982.

L'opposition du gouvernement du Québec à la *Charte* n'était pas liée à la reconnaissance des droits que celle-ci

---

cation constitutionnelle au Canada ; 1996 ; C. PHILIP, « Le Québec et le rapatriement de la Constitution canadienne », *Revue de droit public et de la science politique en France et à l'étranger*, 1982, p. 1567 ; W.R. LEDERMAN, « Canadian Constitution : Canadian Constitutional Amending Procedures 1867-1982 », *American Journal of Constitutional Law*, 1984, pp. 339 et s. ; v. F. LANCHESTER, « La 'patriation' della Costituzione canadese : verso un nuovo federalismo ? », *Rivista trimestrale di diritto pubblico*, 1983, pp. 337 et s. ; A. REPOSO, « Sul rimpatrio dell'Amending Power nell'ordinamento costituzionale canadese », *Studi parlamentari e di politica costituzionale*, 1984, 63, pp. 41 et s.

(198) F. MORTON, « The Effect of the Charter of Rights on Canadian Federalism », *Publius*, 1995, n° 3, pp. 173-188 ; S.I. SMITHEY, « The Effects of the Canadian Supreme Court's interpretation on Regional and Intergovernmental Tensions in Canada », *Publius*, 1996, n° 2, pp. 83 et s. ; P.H. RUSSELL, R. KNOPFF et T. MORTON, *Federalism and the Charter. Leading Constitutional Decisions*, Ottawa, 1989 ; A. LAJOIE et H. QUILLINAN, « Le ripercussioni della Carta dei diritti e delle libertà sui rapporti tra i tribunali e il Parlamento », *Quaderni Costituzionali*, 1995, 15, pp. 167-193.

contenait. En 1975, l'Assemblée nationale de la Province francophone avait déjà adopté une *Charte des droits et des libertés de la personne*, centrée sur les droits de l'homme. Le désaccord concernait plutôt le choix des moyens utilisés pour la protection des libertés et l'absence des droits considérés comme fondamentaux pour la défense de la spécificité du Québec.

La réforme de 1982 s'inspirait, en effet, d'une vision centralisatrice incompatible avec la vision fédéraliste binationale propre à la Province francophone. Au lieu de reconnaître le Québec comme nation, peuple ou société distincte, la réforme partait du principe qu'il n'existait au Canada qu'une seule nation, composée d'individus titulaires de droits égaux d'un océan à l'autre.

En outre, comme pour souligner la distance du biculturalisme soutenu par le Québec, une disposition sur le multiculturalisme avait été insérée dans la *Charte* : comme nous le verrons par la suite, elle avait pour effet de mettre sur le même pied l'exigence québécoise de voir sa contribution historique à la fédération canadienne reconnue et celle avancée par tous les autres groupes ethniques.

Une version amendée du projet de Trudeau fut approuvée avec le soutien de toutes les Provinces, à l'exception du Québec. Considérant qu'il avait un droit de véto sur les modifications des dispositions constitutionnelles relatives à ses propres compétences, celui-ci se tourna vers la Cour suprême, qui, dans l'avis du 7 avril 1982 (199), déclara qu'il n'existait aucune convention constitutionnelle qui attribuât au Québec un tel droit de véto.

Considérant la Loi constitutionnelle de 1982 comme une intrusion inadmissible dans l'autonomie provinciale,

---

(199) *Renvoi : opposition à une résolution pour modifier la Constitution*, [1982] 2 R.C.S. 793.

le gouvernement du Québec fit approuver une mesure qui ajoutait à toutes les lois québécoises en vigueur une disposition dérogatoire par laquelle on évitait l'application des articles 2 et 7-15 (libertés fondamentales et garanties juridiques) de la *Charte*. D'après l'art. 33 (200) de la *Charte*, qui contient la fameuse clause « nonobstant », il est en effet possible, pour les organes législatifs fédéraux ou provinciaux, d'adopter une loi qui limite les droits sanctionnés aux articles 2 et 7-15 de la *Charte*, à condition que le texte de loi en question fasse explicitement référence à l'art. 33 (201). Durant quelques années, le gouvernement sécessionniste de Lévesque a fait donc systématiquement insérer la disposition dérogatoire dans toutes les mesures législatives.

Ces événements historiques ont été rappelés parce qu'ils sont fondamentaux pour comprendre l'attitude du

---

(200) Art. 33 de la Charte des droits et des libertés : « (1) Le Parlement ou la législature d'une province peut adopter une loi où il est expressément déclaré que celle-ci ou une de ses dispositions a effet indépendamment d'une disposition donnée de l'art. 2 ou des articles 7 à 15 de la présente charte. (2) La loi ou la disposition qui fait l'objet d'une déclaration conforme au présent article et en vigueur a l'effet qu'elle aurait sauf la disposition en cause de la charte. (3) La déclaration visée au paragraphe (1) cesse d'avoir effet à la date qui y est précisée ou, au plus tard, cinq ans après son entrée en vigueur. (4) Le Parlement ou une législature peut adopter de nouveau une déclaration visée au paragraphe (1). (5) Le paragraphe (3) s'applique à toute déclaration adoptée sous le régime du paragraphe (4) ».

(201) Pour un commentaire sur l'art. 33 v. J.-Y. MORIN et J. WOEHRLING, *Les Constitutions du Canada et du Québec*, cit. ; F. MORTON, « The Political Impact of the Canadian Charter of Rights and Freedom », *Canadian Journal of Political Sciences*, 1987. D'après Morin et Woehrling, l'adoption d'une Charte constitutionnelle tend à éloigner le système politique canadien du modèle britannique, où le Parlement élu par la population est l'arbitre ultime des intérêts particuliers et des intérêts généraux, et à le rapprocher du système américain, où certains « choix de société » appartiennent en définitive au pouvoir judiciaire (p. 471). Morton soutient (p. 54) que l'article 33 permet de remédier à la « faillibité » de la Cour suprême, dans la mesure où il permettrait aux organes représentatifs de passer au-dessus d'un jugement d'inconstitutionnalité considéré comme injuste. Cette simple disposition exprimerait la prudence du législateur constitutionnel canadien qui avec la *Charte des droits*, a remplacé la suprématie traditionnelle du Parlement par celle de la Constitution. Comme on le déduit de ces citations, l'introduction de la *Charte* a marqué le début d'une phase d'« activisme de la Cour », qui est toujours en cours et qui, dans un pays comme le Canada, peu habitué à la présence d'un véritable contrôle constitutionnel des lois, a provoqué un débat vif et intéressant sur la « juridiciation de la politique ».

Québec à l'égard des nouvelles dispositions constitutionnelles. Au lieu d'obtenir la reconnaissance de sa propre
spécificité et des moyens nécessaires à sa sauvegarde, la
Province francophone se voyait imposer des normes
constitutionnelles incompatibles avec sa législation linguistique et approuvées sans son accord. Cette situation
augmentait le sentiment du Québec d'être un étranger au
sein de la Confédération canadienne (202).

2. – LA CHARTE CANADIENNE
DES DROITS ET LIBERTÉS

La *Charte canadienne des droits et libertés*, introduite
avec la loi constitutionnelle de 1982, intervient dans la
thématique des droits constitutionnels de différentes
façons. Dans ce paragraphe, nous analyserons les dispositions consacrées explicitement aux langues, celles qui
concernent les droits fondamentaux « classiques » et qui
ont une retombée indirecte sur la thématique linguistique et, pour finir, nous considèrerons la clause interprétative sur le multiculturalisme (203).

2.1. – *Les droits linguistiques*

Bien que la philosophie sous-jacente à la *Charte* soit le
libéralisme individualiste, nous retrouvons dans le
domaine des droits linguistiques plusieurs dispositions
destinées à protéger les deux communautés historiques

---

(202) Sur les rapports entre le Québec et le reste du Canada v., en plus des
ouvrages citées dans le chapitre II, P. COULOMBE, « Québec in the Federation »,
Challenge to Canadian Federalism, Prentice Hall, Scarborough, 1997.
(203) L'ouvrage de G.-A. BEAUDOIN et E.P. MENDES, *Charte canadienne des
droits et libertés*, Montréal, Wilson & Lafleur, 1996 est indispensable pour une
étude systématique de la *Charte canadienne*. Pour l'influence de la *Charte* sur la
physionomie du fédéralisme, voir A.C. CAIRNS, *Charter versus Federalism. The
Dilemmas of Constitutional Reform*, Montréal, 1992 ; P.H. RUSSELL (sous la direction de), *Federalism and the Charter*, Ottawa, 1990.

qui composent la population du Canada en tant que telles.

Le français et l'anglais, par exemple, sont reconnus comme « langues officielles » du Canada (art. 16), et l'obligation de bilinguisme, jusqu'alors limitée dans la Constitution au Parlement et aux institutions judiciaires (204), est étendue (art. 20) aux services de l'administration fédérale. Cependant, dans le cas des administrations fédérales périphériques, l'obligation de bilinguisme ne subsiste que si l'emploi du français et de l'anglais fait l'objet d'une demande importante et si la vocation du bureau le justifie, ce qui limite considérablement l'utilité de l'article 20 pour les minorités francophones clairsemées dans le Canada anglais.

L'art. 23, qui introduit le droit des minorités à l'éducation dans leur langue, a sous certains aspects une portée novatrice. En effet, jusqu'à l'adoption de la *Charte canadienne*, l'unique protection dans le domaine de l'éducation pour les cultures minoritaires était l'art. 93, qui protégeait les écoles confessionnelles et donc, indirectement, les minorités linguistiques. La nouvelle disposition, par contre, reconnaissait directement les prérogatives des communautés linguistiques, ou mieux, des individus appartenant à ces communautés. Mais la portée novatrice de l'article 23 est réduite par la subordination de l'exercice des droits linguistiques à l'existence d'un nombre suffisant d'élèves (205). Le droit à l'instruction dans sa langue est donc garanti seulement aux membres des communautés plus nombreuses. Encore une fois, une disposition constitutionnelle visant à protéger les mino-

---

(204) Rappelons que le Parlement avait déjà étendu, au niveau de la législation ordinaire (avec la loi de 1969 sur les langues officielles) le bilinguisme imposé par l'art. 133 de la Constitution.

(205) La *Charte* ne dit pas quel nombre d'élèves peut être considéré suffisant. Sur le sujet, voir A. BRAËN, « Les droits scolaires des minorités de langue officielle au Canada et l'interprétation judiciaire », *Revue général de droit*, 1988, 19 ; P. FOUCHER, « Les droits scolaires des minorités linguistiques », *Charte canadienne des droits et libertés*, cit.

rités se révèle peu utile pour les Francophones hors Québec, alors qu'elle renforce les minorités anglophones du Québec, concentrées dans la ville de Montréal (206).

L'art. 23 donne une base constitutionnelle à la politique du gouvernement fédéral de renforcement du nationalisme pan-canadien par la protection des minorités de langue officielle. L'insertion de cette disposition constitutionnelle a été fort critiquée par le Québec : en prévoyant l'inscription dans les écoles anglaises de tous les enfants dont les parents ont reçu au Canada une éducation en anglais, elle limitait la compétence exclusive reconnue aux Provinces en matière d'éducation et, par la reconnaissance de droits aux individus appartenant aux communautés minoritaires, elle empêchait le gouvernement du Québec de réaliser sa politique linguistique pour la défense des intérêts de la majorité.

Les droits linguistiques prévus dans la *Charte canadienne* sont donc très différents de ceux exigés par le Québec, qui aurait voulu être autorisé à appliquer sur son territoire des droits linguistiques forts, destinés à défendre les intérêts de la communauté francophone, c'est-à-dire de la majorité de la Province (207). Au contraire, la *Charte* se limite à confirmer et à approfondir le bilinguisme institutionnel institué en 1867 (en l'étendant à l'administration) et rejeté par le Québec avec la Loi 101.

Ces premières observations permettent déjà d'affirmer que l'opposition entre la politique linguistique à base personnelle du gouvernement fédéral et la politique terri-

---

(206) Pour une description synthétique du régime de protection des minorités, voir G.-A. BEAUDOIN, « La protection constitutionnelle des minorités au Canada », *Revue belge de droit constitutionnel*, 1994, n° 1/2.

(207) Le seul droit collectif contenu dans la *Charte* est celui qui reconnaît au Nouveau-Brunswick l'existence de deux communautés distinctes, chacune ayant droit à ses institutions (ce qui mène à la dualité administrative et même ministérielle dans certains cas). Mais la proclamation de ces droits n'a aucune influence sur la situation du Québec, qui revendique la reconnaissance de la dualité (culturelle et pas seulement linguistique) au niveau fédéral.

toriale du Québec est, dans la *Charte*, résolue totalement à l'avantage de la première (208). La Cour suprême n'a pas tardé à recourir aux nouveaux paramètres : en 1984, elle a déclaré inconstitutionnels les art. 72 et 73 de la Loi 101 (209). Sur base de l'art. 23 de la *Charte canadienne des droits et libertés*, le Québec ne pouvait plus limiter l'accès des écoles anglaises aux seuls enfants dont les parents avaient fréquenté les écoles anglaises au Québec (clause Québec), mais devait l'élargir à tous les enfants dont les parents avaient fréquenté les écoles anglaises au Canada (clause Canada).

Le Procureur Général du Québec admit l'incompatibilité des dispositions attaquées avec celles de la *Charte*, mais il soutint que les restrictions imposées aux droits des minorités étaient raisonnables et qu'elles se justifiaient aux termes de l'art. 1 de la *Charte*, étant donné l'importance des questions linguistiques et de la sauvegarde de la langue française pour le Québec (210). L'art. 1 (211) permet, en effet, d'apporter des restrictions aux droits et libertés reconnus par la *Charte*, si celles-ci sont raisonnables et qu'on peut prouver qu'elles se justifient dans le cadre d'une société libre et démocratique

Nous verrons, par la suite, que l'impossibilité de défendre la spécificité du Québec par le recours à l'art. 1 (c'est-à-dire en démontrant le caractère raisonnable des restrictions imposées) a poussé la Province francophone à mettre tout en œuvre pour que soit insérée dans la *Charte* une reconnaissance explicite de sa diversité.

---

(208) P. COULOMBE, « Making Sens of Law 101 in the Age of the Charter », *Québec Studies*, 1993-1994, 17.

(209) *P.G. Québec c. Québec Association of Protestant School Boards et al.*, [1984] 2 R.C.S. 66.

(210) *Ibidem*, p. 78.

(211) Art. 1 de la *Charte des droits et libertés* : « La Charte canadienne des droits et des libertés garantit les droits et libertés qui y sont énoncés. Ils ne peuvent être restreints que par une règle de droit, dans des limites qui soient raisonnables et dont la justification puisse se démontrer dans le cadre d'une société libre et démocratique ».

2.2. – Les droits fondamentaux

La *Charte* énumère, outre les droits linguistiques, une série de droits fondamentaux, parmi lesquels la liberté d'expression (212). La garantie constitutionnelle de ces droits a eu des retombées indirectes sur la dimension des droits linguistiques. Aussi peut-on sans aucun doute affirmer que l'impact de la *Charte* sur la politique linguistique du Québec ne découle pas tant des dispositions expressément consacrées aux droits linguistiques que de celles qui concernent les droits fondamentaux et le droit d'égalité (213). En 1988 (214), en effet, la Cour suprême annula les dispositions de la Loi 101 relatives à l'emploi exclusif du français dans l'affichage public, la publicité commerciale et dans les raisons sociales précisément parce qu'elles avaient une incidence sur la liberté d'expression et ne respectaient pas le principe d'égalité. La Cour a reconnu la légitimité du projet politique d'assurer la qualité et la diffusion de la langue française, mais elle a considéré que prescrire l'unilinguisme dans l'affichage n'était pas une mesure nécessaire pour atteindre cet objectif (215).

---

(212) Sur le contenu linguistique des droits fondamentaux v. B. DE WITTE, « Droits fondamentaux et protection de la diversité linguistique », *Langue et droit*, cit.

(213) J. WOEHRLING, *La Constitution Canadienne et l'évolution des rapports entre le Québec et le Canada anglais*, cit., p. 226, s'exprime en ce sens.

(214) *Ford c. Québec*, [1988] 2 R.C.S. 712 ; *Devine c. Québec*, [1988] 2 R.C.S. 790.

(215) Pour un commentaire sur cet arrêt v. G. OTIS, « La justice constitutionnelle au Canada à l'approche de l'an 2000 : uniformisation ou construction plurielle du droit ? », *Revue de droit de l'Université d'Ottawa*, 1995, n° 27. Il faut ajouter, par ailleurs, que même les Tribunaux inférieurs du Québec avaient jugé l'affichage unilingue comme étant une limite déraisonnable aux libertés. En effet, l'hostilité envers l'affichage unilingue n'est pas le propre de la Cour suprême, mais elle est partagée également par une partie considérable des Québécois. Ceci n'empêche pas de juger nécessaire la reconnaissance de droits collectifs, ainsi que la modification de la composition et de la procédure de nomination des juges de la Cour suprême. Il s'agit de conditions nécessaires pour faire accepter la jurisprudence de la Cour même aux Québécois les plus nationalistes. Le même résultat (affaiblissement de l'unilinguisme dans l'affichage) pouvait en effet être obtenu en le présentant comme issu de la limitation réciproque des droits de la collectivité

Une fois de plus, l'art. 1 s'était révélé incapable de protéger les intérêts du Québec. Le gouvernement libéral de Robert Bourassa, sous la pression des nationalistes qui considéraient désormais la jurisprudence de la Cour comme une menace constante envers leur autonomie provinciale, décida alors de recourir à la « clause nonobstant » (art. 33 de la *Charte canadienne*) pour soustraire la Loi 101 au contrôle judiciaire (216). La réaction du Canada anglophone à la disposition du gouvernement Bourassa fut très dure : le renvoi à l'art. 33 fut ressenti comme une attaque directe contre la *Charte* et un refus intransigeant de la politique de bilinguisme du gouvernement fédéral. Nous verrons par la suite que cette opposition pèsera lourdement sur les tentatives de rénovation de la Constitution canadienne.

Mais la nouveauté de la *Charte* ne doit pas tant être recherchée dans le fait de prévoir des droits fondamentaux, déjà reconnus, comme on l'a dit précédemment, par la *Charte québécoise des droits de la personne* et par d'autres sources fédérales et provinciales, que dans l'introduction d'une nouvelle procédure décisionnelle concernant les droits (217).

Alors qu'auparavant les législations provinciales étaient soumises au contrôle des tribunaux provinciaux (qui les examinaient à la lumière des déclarations provinciales des droits) et qu'elles ne subissaient un contrôle de

québécoise (qui, pour être limités, doivent être reconnus) et des droits de la minorité anglophone.

(216) En même temps, les dispositions déclarées inconstitutionnelles furent modifiées : la règle de l'unilinguisme français était seulement appliquée pour l'affichage public et la publicité commerciale à l'extérieur des établissements, tandis qu'à l'intérieur on permettait l'usage d'une autre langue, pourvu que le français fût « prédominant » (*Loi modifiant la Charte de la langue française*, L.Q., 1988, ch. 54).

(217) Cette observation avait déjà été formulée en 1982 par P. RUSSELL, *The effect of a Charter of Rights on the Policy-Making Role of the Canadian Courts*, « Canadian Public Administration », 1982, n° 25 et puis confirmée, entre autres, par F.L. MORTON, « Judicial Politics Canadian Style : The Supreme Court's Contribution to the Constitutional Crisis of 1992 », C. COOK (ed.), *Constitutional Predicament. Canada after the Referendum of 1992*, McGill-Queen's Universtity Press, Montreal, 1993, p. 33.

constitutionnalité par la Cour suprême qu'en cas d'incompatibilité avec le système de répartition des compétences, la *Charte* attribue à présent à cet organe juridictionnel la compétence explicite en matière de droits fondamentaux. Les législations provinciales sont donc à présent évaluées, en ce qui concerne le respect des droits des citoyens, selon les principes uniformes exprimés dans la *Charte* (218).

2.3. – La clause interprétative
sur le multiculturalisme

La *Charte canadienne des droits et libertés* contient une « clause interprétative » (art. 27), en vertu de laquelle « toute interprétation de cette Charte doit concorder avec l'objectif de promouvoir le maintien et la valorisation du patrimoine multiculturel des Canadiens ».

Cette clause, en reconnaissant l'importance de tous les groupes ethniques, a pour effet de restreindre la portée du dualisme communauté anglophone – communauté francophone aux éléments explicitement prévus par la *Charte*, c'est-à-dire au bilinguisme des institutions centrales et aux droits des minorités parlant une langue officielle alors qu'auparavant il était possible, d'après de nombreux observateurs, de lire toutes les dispositions constitutionnelles à la lumière du principe dualiste. La

---

(218) « ... Law-making areas once solely the prerogative of provincial governements are now being threatened with uniformal national standards laid down by the Supreme Court in the cours of Charte decisions », F. MORTON, *The political Impact...*, cit. p. 51. J. WOEHRLING, dans *Les Constitutions du Canada et du Québec*, cit., p. 472 souligne également que « ... certains craignent que l'application de la Charte n'entraîne à la longue des effets centralisateurs et uniformisateurs sur le droit provincial. Ils soulignent que la mise en œuvre des droits et libertés touche des problèmes de culture et de civilisation et qu'elle amène les tribunaux à effectuer des 'choix de société' ; or cette mise en œuvre se fait à l'échelle du Canada, par le biais d'une hiérarchie judiciaire extrêmement centralisée, qui utilise une approche 'nationale' uniforme pour interpréter les standards constitutionnels. ». Sur cet argument v. aussi G. ROLLA, « La giustizia costituzionale in Canada e la sua influenza sul federalismo canadese », *Quaderni Costituzionali*, 1996, n° 2, pp. 197 et s.

Constitution de 1867 était, en effet, considérée, surtout par les Francophones, comme un pacte entre le peuple anglophone et le peuple francophone. Avec la *Charte des droits et liberté*, le multiculturalisme prend la place du biculturalisme comme principe fondamental pour l'interprétation du texte constitutionnel (219).

La portée novatrice de l'art. 27 doit aussi être recherchée dans sa fonction. C'était, en effet, la première fois qu'une des valeurs à la base du fédéralisme canadien (le multiculturalisme) était affirmée pour « guider l'interprétation judiciaire ». Jusqu'alors, les références aux valeurs étaient inscrites dans les préambules et non dans les textes constitutionnels mêmes et elles avaient pour but de « guider le législateur » et non le juge. Le présupposé était que les gouvernements, et non les Cours, devaient stimuler le développement constitutionnel (220).

La *Charte* contenait donc, en plus d'une autorisation explicite à l'interprétation judiciaire (art. 24), une norme qui guidait la Cour dans sa nouvelle tâche. Le Québec se rendit rapidement compte que la seule manière de contrecarrer les effets de la *Charte* (annulation de la législation linguistique du Québec) était d'opposer à la clause sur le multiculturalisme une « clause Québec » ou « clause de la société distincte ». Cette dernière, en reconnaissant la spécificité culturelle et linguistique de la Province francophone, aurait pu servir de critère complémentaire pour interpréter la *Charte* et aurait donc permis d'en adoucir l'application libérale et individualiste, en l'adaptant aux exigences de la communauté francophone du

---

(219) « Duality and multiculturalism inhabit the Charter together as inspirational principles. The rational and defensible limit of the duality thesis... must be restricted to those elements of the constitution in which duality is specifically reflected... Canadian duality is circumscribed. Beyond its limits, multiculturalism rises supreme as the interpretation inspiration of the Charter », J.E. MAGNET, « The Charter's Official Languages Provisions : The Implications of Entrenched Bilingualism », *Supreme Court Law Review*, 1982, 174-175.

(220) F. MORTON, *Judicial Politics Canadian-Style...*, cit.

Québec. Elle aurait pu, par conséquent, fournir la base juridico-constitutionnelle de la politique linguistique du Québec, en la protégeant des attaques de la Cour.

La reconnaissance constitutionnelle du « peuple québécois » ou du concept de la « société distincte » devint donc la principale revendication du Québec au cours des négociations de modifications de la Constitution à partir de 1985 (221).

3. – LES TENTATIVES DE RÉVISION DE LA CONSTITUTION APRÈS 1982

Reconnaissant qu'une fédération ne pouvait fonctionner sans la participation d'un de ses partenaires les plus importants, le gouvernement fédéral du parti progressiste-conservateur de Mulroney chercha en 1984 à reprendre les négociations avec le Québec (222). Celui-ci mit cinq conditions à son adhésion à la réforme de 1982 : la reconnaissance du Québec comme société distincte ; l'élargissement de ses compétences en matière de sélection et d'intégration des immigrés ; la participation à la nomination des juges de la Cour suprême ; la réduction du pouvoir fédéral en matière budgétaire et la reconnais-

---

(221) N. DUPLE, « La réforme constitutionnelle et la notion de société distincte », *Revue générale de droit*, 1993, 24. Il n'est pas sûr que l'insertion d'une clause de la société distincte dans la Constitution changerait le raisonnement de la Cour suprême sur la Loi 101. Elle pourrait toujours juger déraisonnable l'unilinguisme en raison de l'art. 1 de la *Charte*. Pour avoir des effets concrets sur la jurisprudence de la Cour, l'appel à la clause de la société distincte devrait en effet s'accompagner d'autres changements, comme, par exemple l'attribution au gouvernement du Québec du pouvoir de nomination des juges québécois qui font partie de la Cour.

(222) Sur cette période tourmentée de l'histoire canadienne v. S. JAUMAIN, « 1987-1997 : le Canada à la recherche de la Constitution parfaite » et A.-G. GAGNON, « La réforme des institutions au Canada : de la délibération démocratique au repli bureaucratique », *La réforme de l'Etat et après ?*, cit., pp. 23 et s. ; M. CROISAT, F. PETITEVILLE, J. TOURNON, *Le Canada d'un référendum à l'autre. Les relations entre le Canada et le Québec (1980-1992)*, Association Française d'Etudes Canadiennes, 1992 ; P.J. MONAHAN, *After Meech Lake : An Insider View*, Kingston, 1990 ; K.E. SWINTON et C.J. ROGERSON, *Competing Constitutional Visions : The Meech Lake Accord*, Toronto, 1988.

sance au Québec d'un droit de véto sur la révision de la Constitution.

En 1987 fut atteint un accord (dit du Lac Meech) incluant ces revendications dans un projet de révision constitutionnelle, qui devait être ratifié par le Parlement fédéral et par les Parlements des Provinces dans les trois années suivantes. L'accord prévoyait l'insertion dans la *Charte*, comme clause interprétative, des deux concepts de « société distincte » et de « dualité linguistique ». Celle-ci devait être protégée par toutes les assemblées et tous les gouvernements du pays. De plus, trois des nouveaux juges de la Cour suprême devaient être nommés par le gouvernement du Québec.

C'est précisément à cette période délicate que se situe l'arrêt de la Cour suprême de 1988 (223), dont nous avons parlé, qui annule les dispositions de la Loi 101 relatives à la publicité commerciale. La réaction du gouvernement du Québec à cet arrêt (recours à l'art. 33 de la *Charte canadienne des droits et libertés*) radicalisa, comme on l'a vu, les positions du Canada anglophone, qui craignait que la clause de la société distincte contenue dans les accords ne menaçât les droits individuels protégés par la *Charte*. L'opposition des Provinces du Manitoba et de Terre-Neuve, qui ne ratifièrent pas l'accord, fit échouer les négociations.

En 1991, Mulroney présenta un nouveau projet de réforme. Les négociations se conclurent par l'accord final de Charlottetown en 1992, qui fut soumis à deux référendums distincts : l'un au niveau fédéral et l'autre au Québec. Les deux consultations populaires se soldèrent par un résultat négatif. L'écart entre les positions du Canada anglophone et du Canada francophone se creusait davan-

(223) *Ford c. Procureur général du Québec*, [1988] 2 R.C.S. 790.

tage : pour de nombreuses Provinces, surtout celles de l'Ouest, il devenait de plus en plus difficile de comprendre pourquoi le Québec devait avoir, grâce à la clause de la société distincte, une position privilégiée au sein de la fédération. Pour le Québec, par contre, la reconnaissance de son caractère distinct, contenue dans les accords de Charlottetown, avait perdu son importance, car dans le même texte on réaffirmait les principes du multiculturalisme et de l'égalité des Provinces.

En raison de l'échec des tentatives de modification de la loi constitutionnelle de 1982, suivi par l'issue négative du référendum pour la souveraineté du Québec en 1995, la *Charte canadienne des droits et libertés* continue à faire partie du texte fondamental canadien et à être utilisée par la Cour suprême comme paramètre d'évaluation de la législation du Québec.

4. – LA JURISPRUDENCE DE LA COUR SUPRÊME

La *Charte des droits et libertés* a préparé un appareil normatif apte à promouvoir une conception du fédéralisme canadien fondée sur les droits (individuels) des minorités linguistiques et les droits fondamentaux. Comme nous l'avons vu, cette conception est rejetée par le Québec qui, sans nier l'importance de ces droits, voudrait voir sa diversité reconnue. Dans ce paragraphe, nous exposerons quelques considérations théoriques sur la nature des droits contenus dans la *Charte* et réfléchirons sur la capacité de la Cour à résoudre, en se basant sur ceux-ci, les tensions communautaires qui caractérisent le Canada.

Selon la Cour, les droits linguistiques, tout en étant des droits fondamentaux, sont basés sur un compromis politique et sont donc le fruit d'un accord contin-

gent (224). Ils requièrent, en outre, des prestations positives de la part du gouvernement (225). La Cour en a
déduit qu'ils doivent être interprétés dans un sens res-
trictif. Les droits fondamentaux traditionnels, en
revanche, doivent être valorisés au maximum (226).

En effet, l'écart entre ces deux catégories de droits
s'estompe si on les confronte avec les droits linguistiques
forts revendiqués par le Québec. Comme le reconnaît la
Cour elle-même, les droits linguistiques reconnus par la
Charte, bien qu'ils présupposent l'existence d'une communauté, sont exercés par les individus, comme les droits
fondamentaux traditionnels, et non par le groupe en tant
que tel (227). Ils sont donc, en substance, des libertés
individuelles. Les droits linguistiques forts, par contre,
sont attribués à une communauté dans son ensemble : ce
sont des droits collectifs de la majorité, ou plutôt d'une
minorité qui, en se dotant de structures décisionnelles
adéquates, devient, sur son territoire, majoritaire.

L'opposition principale n'est donc pas entre droits fondamentaux et droits linguistiques. La vision traditionnelle selon laquelle il existe une véritable dichotomie
entre ces deux catégories est désormais dépassée par la
doctrine, bien que la Cour suprême, dans ses premiers
arrêts, s'y réfère encore. Actuellement, en raison de l'évolution tant des droits fondamentaux que linguistiques (228), on se rend compte qu'un certain type de

---

(224) *MacDonald c. Ville de Montréal*, [1986] 1 R.C.S. 460 ; *Assn. of Parents
for Fairness in Education, Gran Falls District 50 Branch c. Société des Acadiens
du Nouveau-Brunswick Inc.*, [1986] 1 R.C.S. 549.

(225) *Mahe c. Alberta*, [1990] 1 R.C.S. 342.

(226) *Société des Acadiens du Nouveau-Brunswick c. Association of Parents*
[1986] 1 R.C.S.

(227) « The rights provided by s. 23, it must be remembered, are granted to
minority language parents individually. Their entitlement is not subject to the
will of the minority group to which they belong, be it that of a majority of that
group, but only to the 'numbers warrants' conditions », *Reference re Public
Schools Act (Manitoba)*, [1993] 1 R.C.S. 862.

(228) Sur cette évolution v. B. DE WITTE, « Droits fondamentaux et protection de la diversité linguistique », *Langue et droit*, cit.

diversité linguistique peut être sauvegardé précisément grâce aux droits fondamentaux, comme la liberté d'expression, ou par le principe d'égalité. Comme le note De Witte, « le motif essentiel pour la garantie constitutionnelle de valeurs linguistiques est le même que pour la garantie d'autres droits fondamentaux : mettre ceux-ci à l'abri des caprices ou de la négligence des pouvoirs législatif et exécutif » (229).

Par contre, le véritable désaccord se situe, du moins dans les contextes canadien et belge, entre droits linguistiques collectifs et droits linguistiques individuels (230). Les premiers permettent aux individus de s'exprimer dans « une » langue spécifique, celle qui, étant la langue de la communauté, obtient par décision politique un statut spécial. Si cette langue est faible, la défense des droits linguistiques collectifs peut se concrétiser dans une politique « volontariste » d'homogénéité linguistique, qui peut limiter les droits individuels, lesquels, en revanche, assurent un droit générique à « la » langue, c'est-à-dire à l'utilisation d'un idiome, quel qu'il soit, afin de manifester sa propre pensée (231).

(229) *Ibidem*, p. 90.
(230) Sur le contraste entre les droits collectifs et individuels v. P. KOVACS, « Individual and Collective Rights in the Constitutional Evolution. A Positivist Approach », *Dual Images, Multiculturalism on Two Sides of Atlantic*, Institute for Political Science of the Hungarian Academy of Sciences, 1996 ; W. KYMLICKA, « Individual and Community Rights », *Groups Rights*, Toronto, 1994 ; J.E. MAGNET, « Collective Rights, Cultural Autonomy and the Canadian States », *McGill Law Journal*, 1986/87, 32 ; F.L. MORTON, « Group Rights Versus Individual Rights in the Charter : The Special Cases of Natives and Québécois », *Minority and the Canadian States*, Oakeville, Mosaic Press, 1985 ; P. COULOMBE, « Language Rights, Individual and Communal », *Language Problems and Language Planning*, 1993, n° 2 ; B. PELLETIER, « Bilan des droits linguistiques au Canada », *Revue du Barreau*, 1995, n° 4 ; J. WOEHRLING, « Minority Cultural and Linguistic Rights in the Canadian Charter of Rights and Freedoms », *McGill Law Journal*, n° 50, pp. 86 et s. ; G.S. CAMPBELL, « Language, Equality and the Charter : Collective Versus Individual Rights in Canada and Beyond » *National Journal of Constitutional Law*, 1994, n° 4, pp. 29 et s. ; L.E. TRAKMAN, « Group Rights : a Canadian Perspective », *International Law and Politics*, vol. 24, pp. 1579 et s.
(231) Sur la différence entre le droit à la langue et le droit à une langue v. J.-G. TURI, « Introduction au droit linguistique », *Langue et droit*, p. 55 ; A. PRUJINER, dans « Les enjeux politiques de l'intervention juridique en matière linguistique », (*Langage et droit, op. cit.*, pp. 103 et s.), souligne la différence d'objet entre

Mais comme nous l'avons dit à plusieurs reprises, la *Charte* ne reconnaît, ni directement, ni par une clause interprétative, de droits linguistiques forts. La Cour suprême canadienne ne peut donc opérer aucun équilibrage entre des valeurs opposées, à savoir entre droits individuels et collectifs, comme le fait, par contre, la Cour d'arbitrage, mais elle doit assurer la primauté des droits individuels (droits fondamentaux traditionnels et droits linguistiques faibles) sur les droits collectifs revendiqués par le Québec et utilisés dans l'élaboration de la législation linguistique contestée.

Pour gérer les recours sur base de la *Charte*, la Cour a adopté la méthode dite des « deux phases ». Sur base de l'art. 1 (les droits garantis par la *Charte* ne sont soumis qu'aux limitations « raisonnables et dont la justification puisse se démontrer dans le cadre d'une société libre et démocratique ») la Cour vérifie d'abord que le droit en question ait été limité puis elle contrôle que la restriction soit raisonnable.

Comme la Cour part de la conviction que l'interprétation des droits protégés par la *Charte* doit être « large et libérale » (232), il est très difficile pour le législateur de ne pas limiter, d'une façon ou d'une autre, les droits. De plus, la Cour a transféré aux gouvernements la charge de justifier leurs politiques par la démonstration du caractère raisonnable des restrictions. Etant donné que la majorité des gouvernements sont obligés de restreindre les libertés individuelles sous certains aspects, surtout si celles-ci sont interprétées dans un sens large et libéral, la

la liberté d'expression et le droit linguistique (fort) : ce dernier n'est pas un droit d'expression, mais de communication. Le choix d'une langue au nom de la liberté d'expression ne comporte aucune obligation positive pour les auditeurs, tandis que le droit linguistique, au contraire, en fixant un code qui permet la transmission du message, impose une obligation soit au locuteur, soit à l'auditeur.

(232) *Société des Acadiens du Nouveau-Brunswick c Association of Parents* [1986] 1 R.C.S.

démonstration du caractère raisonnable des lois devient leur préoccupation principale (233).

De nombreux auteurs ont considéré la Cour suprême responsable de l'aggravation des difficultés relationnelles entre le Québec et le reste du Canada. En particulier, sa méthode de jugement a été critiquée. Ces auteurs auraient préféré une approche plus traditionnelle, qui se serait limitée à voir dans l'art. 1 de la *Charte* la reconnaissance du principe qu'« aucun droit n'est absolu » et aurait interprété les droits selon les règles classiques.

Il nous semble que la méthode d'interprétation de la Cour soit fidèle aux grandes lignes de la *Charte*, centrée sur la valorisation maximale des droits fondamentaux, comme instrument de défense contre le pouvoir politique. Il manque, dans la *Charte*, l'indication des valeurs au nom desquelles les droits pourraient être limités. Celle-ci n'apparaît ni sous la forme d'une clause interprétative, ni par l'énoncé de droits linguistiques collectifs et encore moins comme limite constitutionnelle explicite de ces droits. Il nous semble donc que la responsabilité ne doit pas être attribuée à la Cour, mais au législateur constituant qui n'a pas pu (ou pas voulu) inclure dans le texte fondamental une allusion au contenu des restrictions auxquelles peuvent être soumis les droits fondamentaux et s'est limité à prévoir la possibilité que celles-ci soient introduites pour des motifs « raisonnables » (234).

(233) C'est ce qui explique l'insistance du Québec à vouloir inclure dans la *Charte* la clause de la société distincte : sa présence dans le texte constitutionnel faciliterait la démonstration du caractère raisonnable de sa politique linguistique.
(234) Certains auteurs estiment que les autorités fédérales sont parvenus à dissimuler leurs propres stratégies politiques derrière « la rhétorique et le patriotisme des droits ». D'après M. MANDEL (*La Charte des droits et des libertés et la juridiciation du politique au Canada*, Montréal, Editions du Boréal, 1996), l'adoption de la *Charte canadienne des droits et libertés* faisait partie de la stratégie politique du gouvernement fédéral destinée à mettre en crise le mouvement nationaliste québécois. En intervenant dans le texte constitutionnel, le gouvernement fédéral avait, en fait, obtenu ce qu'il n'aurait jamais pu réaliser avec les instruments de la législation ordinaire : l'élimination de parties importantes de la légis-

De cette manière, il a confié à la Cour un mandat très large, qui a fait parler de l'abdication du politique face aux organes juridictionnels et a justifié l'activisme qui a caractérisé le travail de la Cour suprême de 1982 à nos jours (235).

En conclusion, le fait que le Québec n'ait pas participé à l'élaboration de la Loi constitutionnelle de 1982 a empêché la naissance d'une véritable Constitution au sens matériel (236), c'est-à-dire d'un ensemble de valeurs, traduites en principes juridiques, partagées par les différentes composantes de la population, capables de concilier les différences à l'intérieur d'une seule identité nationale. Par conséquent, le juge constitutionnel, s'il veut faire respecter la loi fondamentale (ce qui est son devoir), est condamné à la partialité, car il doit assurer le respect d'une Constitution qui ne représente qu'une partie du pays.

Au Canada, il est donc difficile, à cause de la nature du texte fondamental, d'utiliser la justice constitutionnelle comme instrument de « médiation » dans les relations intercommunautaires.

---

lation linguistique du Québec dans un secteur de compétence exclusivement provinciale, tel que celui de l'éducation. D'une lutte à caractère politique, la question nationale québécoise avait été transformée en bataille pour les droits.

(235) On pourrait réfléchir longtemps sur l'existence d'un droit pour le Québec à participer à la révision constitutionnelle et sur la légitimité de la Province francophone comme partie contractante du pacte constitutionnel. On pourrait discuter encore plus longuement sur la légitimité de la prétention du Québec à être reconnu comme une Province différente des autres et titulaire de droits spéciaux. Ce sont des arguments intéressants, mais qui nous éloigneraient de l'objet de cette étude. Il importe de souligner ici qu'au-delà des conventions constitutionnelles qui pourraient renforcer ses revendications, la communauté francophone du Québec ne se reconnaît pas dans le pacte constitutionnel qui règle les modalités de sa coexistence avec le pouvoir fédéral et avec les autres Provinces et que des décennies de négociations constitutionnelles n'ont pas permis de trouver un compromis en mesure de satisfaire, au moins partiellement, ses revendications.

(236) G. ROLLA, « Il referendum sulla sovranità del Québec ed il futuro del Canada. Alcuni paradossi costituzionali », *Giurisprudenza Costituzionale*, 1996, p. 3270.

CONCLUSIONS

Dans cette étude nous avons d'abord analysé les principes sur lesquels se fondent les régimes linguistiques belge et canadiens et nous sommes ensuite passés à l'examen de leur fonctionnement concret.

En ce qui concerne le système belge, nous avons souligné l'importance de la participation des deux communautés à l'élaboration des normes constitutionnelles en matière linguistique. La Constitution ne prévoit pas, en réalité, la participation des entités fédérées au processus de révision constitutionnelle, qui est encore celui de 1831, c'est-à-dire celui d'un Etat unitaire. Cependant, le quorum requis pour l'approbation des modifications est tel (majorité des deux tiers) que la participation de la communauté francophone minoritaire est quand même garantie. De plus, la révision constitutionnelle est mise en marche par le gouvernement, qui est composé de manière paritaire. Les deux Communautés ont donc, dans cette phase du processus de revision, les mêmes pouvoirs. Enfin, la réforme institutionnelle esquissée par la Constitution doit être complétée par des lois spéciales, qui sont approuvées par la majorité de chaque groupe linguistique dans les deux Chambres. On peut donc affirmer qu' une modification de la formule de révision constitutionnelle, prévoyant la participation des entités fédérées, affirmerait explicitement un principe déjà reconnu actuellement de façon implicite : que toute révision constitutionnelle doit être le fruit d'un consensus entre les deux communautés.

La participation des deux groupes linguistiques à la révision a facilité non seulement l'insertion dans le texte constitutionnel de normes issues d'un accord, mais aussi la permanence ou l'introduction de normes estimées importantes par une seule communauté, ce qui a ensuite permis à la Cour d'arbitrage de faire la médiation entre les différentes positions. Cette dernière a eu une grande importance dans le fonctionnement du système belge, car elle a réussi à maintenir le conflit intercommunautaire dans les limites fixés par l'ordre juridique. Le succès de sa jurisprudence, acceptée tant par les Flamands que par les Francophones, est lié à la nature des normes qu'elle est appelée à appliquer (fruit de la participation conjointe de deux communautés), à la méthode qu'elle a décidé de suivre (équilibrage entre des valeurs opposées), mais aussi à sa composition et à la procédure pour la nomination de ses membres, qui la font apparaître comme un organe neutre et impartial. Elle est composée, comme on l'a dit, de six juges francophones et de six juges néerlandophones, qui forment un collège unique. Ils sont nommés à vie par le Chef de l'Etat, qui les choisit sur un liste présentée alternativement par le Sénat et par la Chambre des Représentants (237). En effet, le Roi n'a pas de pouvoirs réels dans ce choix, car il se limite à suivre les indications de l'Exécutif fédéral. La composition paritaire de la Cour et de l'Exécutif, ainsi que la majorité requise pour rédiger la liste proposée par le Parlement (majorité des deux tiers des suffrages exprimés) assurent la participation des deux communautés à la procédure de nomination des juges de la Cour.

Si l'organe de justice constitutionnelle réussit à faire la médiation entre les différentes parties, il n'est pas à même de reconstruire une identité pan-belge désormais gravement endommagée (238). La fédéralisation de l'Etat a, en effet, contribué à approfondir le régime de

---

(237) Art. 32, al. 1, l. spec. 6 janvier 1989.
(238) Pour des réflexions sur la société belge actuelle v. W. DEWACHTER, « La Belgique d'aujourd'hui comme société politique », *Belgique. La force de la désunion*, éd. complexe, Bruxelles, 1996.

séparation entre les deux communautés, produit, en premier lieu, par des facteurs d'ordre sociologique (239).

Il est d'ailleurs compréhensible que les réformes aient voulu valoriser les identités communautaires : le fédéralisme belge est un fédéralisme de dissociation et non d'intégration. Il est précisément né du désir d'autonomie des deux composantes du pays par rapport à l'Etat central. Il eût été étrange, comme l'observent également Gagnon et Karmis (240), de trouver dans un semblable contexte l'affirmation de la prépondérance de l'identité « pan-belge ».

Attribuer la responsabilité d'une éventuelle séparation de la Belgique à la reconnaissance de l'identité culturelle et linguistique des deux communautés serait, de toute façon, faux. Il nous semble plus correct d'imputer la difficulté des relations inter-communautaires et l'éventuelle séparation de la Belgique au retard et aux résistances avec lesquels les différences communautaires ont été valorisées au niveau institutionnel.

Dans ce travail, nous avons d'ailleurs préféré mettre l'accent sur les modalités de participation des groupes linguistiques à l'aménagement du système institutionnel, plutôt que sur la capacité d'un tel système à garantir la stabilité politique. En effet, l'expérience de la Belgique, si elle n'apparaît pas exemplaire à ceux pour qui seule compte la stabilité de l'union nationale, est par contre riche d'enseignements pour ceux qui reconnaissent aux Constitutions des Etats multiculturels la tâche de tra-

---

(239) Pour W. KYMLICKA, en Belgique, comme au Canada, « il manque cet esprit de solidarité qui est essentiel pour promouvoir le bien-être collectif et affronter d'urgents problèmes de justice », (« Le sfide del multiculturalismo », *Il Mulino*, 1997, p. 212). Kymlicka inclut ces deux pays dans la catégorie des Etats où le pacte fédéral est seulement un « pur traité de coopération », où des groupes récalcitrants « décident de coopérer uniquement sur un ensemble limité de questions ». Cette dernière phrase, reprise par Kymlicka, est de P. ORDESHOOK, « Some rules of Constitutional Design », *Social Philosophy and Policy*, 1993, n° 2, p. 233.

(240) D. KARMIS et A.-G. GAGNON, « Fédéralisme et identités collectives au Canada et en Belgique : des itinéraires différents, une fragmentation similaire », cit., p. 457.

duire en principes juridiques les valeurs et les attentes de toutes les communautés qui en font partie.

L'histoire de la Belgique nous apprend que l'hétérogénéité d'un texte constitutionnel n'est pas nécessairement un défaut, car la présence de valeurs apparemment inconciliables permet à l'organe de justice constitutionnel de réduire la distance initiale entre les positions et de réaliser, sur des problèmes spécifiques et de portée limitée, des compromis impossibles à atteindre lors des révisions constitutionnelles, quand les intérêts en jeu empêchent les parties d'abandonner ou de tempérer leurs revendications.

Les conflits communautaires sont fréquents en Belgique, la tension toujours élevée, mais la confrontation se déroule dans un ordre juridique accepté par les deux communautés dans ses lignes fondamentales. Cette affirmation peut certes susciter la perplexité des Belges, habitués à voir leur pays secoué par les querelles linguistiques, mais elle paraît moins péremptoire quand on compare la situation de la Belgique à celle du Canada.

Au Canada, où la communauté francophone n'a pas participé à l'élaboration des dispositions constitutionnelles, les lois fondamentales sont très homogènes, mais elles ne représentent pas les deux composantes principales de la population. On ne trouve pas dans la Constitution de normes issues d'un compromis, ni la traduction en principes juridiques de valeurs opposées. L'art. 133, on l'a vu, ne visait pas à réaliser l'égalité de fait entre les deux communautés et ne contenait donc pas de compromis satisfaisant. Les dispositions en matière linguistique introduites par la *Charte canadienne* ne peuvent pas non plus être considérées comme le fruit d'un accord et ne contiennent pas non plus de principes exprimant la vision québécoise des relations intercommunautaires. Seule la vision libérale et individualiste du gouvernement central a inspiré la *Charte* : pas de droits linguistiques forts, pas de société distincte, pas de biculturalisme.

Pourtant, l'hétérogénéité des valeurs est un des traits caractéristiques des Constitutions contemporaines, qui résultent souvent du compromis atteint par des formations politiques d'inspiration différente. Dans les sociétés multiculturelles, où les facteurs de différentiation des individus dérivent de plus en plus de leur identité culturelle, l'hétérogénéité des valeurs devient presque une nécessité et constitue en elle-même une valeur, car elle est synonyme de démocratie et de participation.

L'absence de valeurs hétérogènes rend impossible l'application de la technique de l'équilibrage, utilisée dans les démocraties contemporaines pour concilier des intérêts divergents. Cette technique, souvent critiquée à cause de la marge d'appréciation excessive dont disposeraient les juges en l'appliquant, semble se révéler très utile dans les contextes multiculturels. Dans ce cas, il s'avère, en effet, impossible, si on veut respecter le principe d'égalité entre les groupes, d'établir une hiérarchie des valeurs pour orienter le Tribunal constitutionnel dans son travail. Il semble donc préférable de laisser ce dernier établir, dans le cas concret, la primauté d'une valeur sur l'autre. L'expérience belge démontre qu'une telle intervention peut être un facteur de pacification.

Par rapport à la Belgique, la situation canadienne se caractérise également par le contraste entre la politique linguistique fédérale et celle de la Province francophone (qui résulte de l'opposition philosophique individualisme-collectivisme) et par le vide constitutionnel en matière de répartition des compétences linguistiques.

Ces deux facteurs ont contribué à valoriser le rôle de la Cour suprême dans les relations intercommunautaires : le premier a rendu nécessaire l'intervention de la Cour afin de rétablir la cohérence du droit, alors que le deuxième lui a indirectement attribué un certain pouvoir discrétionnaire dans l'interprétation de la Constitution.

La Cour suprême n'a cependant pas réussi à jouer le rôle de médiateur comme l'a fait la Cour d'arbitrage. D'une part, on vient de le dire, le contenu même de la Constitution ne facilite pas cette tâche. D'autre part, la composition et la procédure de nomination des juges qui en font partie la font apparaître une émanation du gouvernement fédéral plutôt qu' une institution impartiale : la nomination relève, en effet de l'Executif fédéral. La seule condition que celui-ci doit respecter est de nommer trois juges québécois parmi les neuf qui composent la Cour. Ce qui ne l'empêche pas de les choisir parmi ceux qui partagent ses orientations.

Tous ces éléments (contenu de la Constitution, composition de la Cour, procédure suivie dans les jugements) ont contribué à l'élaboration d'une jurisprudence qui ne met pas en cause la légitimité du gouvernement québécois à poursuivre une politique d'unilinguisme (la Constitution ne contraint pas les Provinces à adopter le bilinguisme, mais se borne à prévoir des obligations de bilinguisme pour l'Etat fédéral et pour le Québec dans des domaines spécifiques), mais qui en restreint considérablement la portée en affirmant la primauté des libertés fondamentales sur les droits collectifs et en contestant les moyens employés par le gouvernement du Québec pour promouvoir le français. En effet, après avoir interprété de façon extensive les obligation de bilinguisme imposées par la Constitution (art. 133) (241), la Cour a déclaré inconstitutionnels les articles 72 et 73 de la Loi 101 (242), qui empêchaient l'inscription dans les écoles de langue anglaise des enfants dont les parents avaient reçu leur instruction en anglais en dehors du Québec, et a finale-

---

(241) *Procureur général du Québec c. Blaikie* [1979] 2 R.C.S. 1016.
(242) *P.G. Québec c. Québec Association of Protestant School Boards et al.*, [1984] 2 R.C.S. 66.

ment annulé les dispositions de la Loi 101 relatives à l'affichage unilingue, estimant que celui-ci n'était pas nécessaire à la promotion de la langue française, reconnue par ailleurs comme légitime (243) .

La société canadienne n'apparaît pas aussi segmentée que celle de la Belgique. Le choix de l'Etat fédéral en faveur d'un régime de bilinguisme basé sur le principe de personnalité ainsi que la présence de plusieurs communautés linguistiques venues s'ajouter aux deux composantes initiales de la population favorisent les contacts entre les individus et les cultures. Pourtant, cet aménagement linguistique n'a pas réussi à défendre la langue la plus faible. Le principe d'égalité entre les deux langues, présupposé de toute politique de bilinguisme non discriminatoire, n'a pas encore été réalisé. En outre, les potentialité contenues dans les principe de personnalité n'ont pas été pleinement utilisées, car les individus ne peuvent exercer leurs droits linguistiques que si leur nombre le justifie.

La politique linguistique du Québec a indubitablement contribué à promouvoir la langue française et à créer une société où il est possible de vivre et travailler en français. Toutefois, les limitations à l'unilinguisme imposées par les dispositions constitutionnelles et par l'interprétation qu'en a donnée la Cour suprême, même si celles-ci ont été également acceptées par une partie des Francophones, risquent d'approfondir le sentiment d'extranéité du Québec.

A la lumière de l'expérience belge, il semble très important d'insérer dans la Constitution la reconnaissance de la spécificité du Québec – que ce soit par l'introduction d'une clause interprétative ou par la reconnaissance explicite des droits revendiqués –, de manière à rendre possible un équilibrage entre des valeurs opposées.

(243) *Ford c. Procureur général du Québec*, [1988] 2 R.C.S. 790.

De cette façon, le principe d'égalité serait renforcé. Le contrôle de constitutionnalité sur les droits pourrait donner lieu à une véritable médiation et peut-être représenter le point de départ pour rebâtir les modalités de coexistence entre les deux communautés.

TABLE DES MATIÈRES

IMPRIMÉ EN BELGIQUE

Etablissements Emile Bruylant, société anonyme, Bruxelles
Prés.-Dir. gén. : Jean Vandeveld, av. W. Churchill, 221, 1180 Bruxelles